AlFredissimo!

Kochen mit BiO

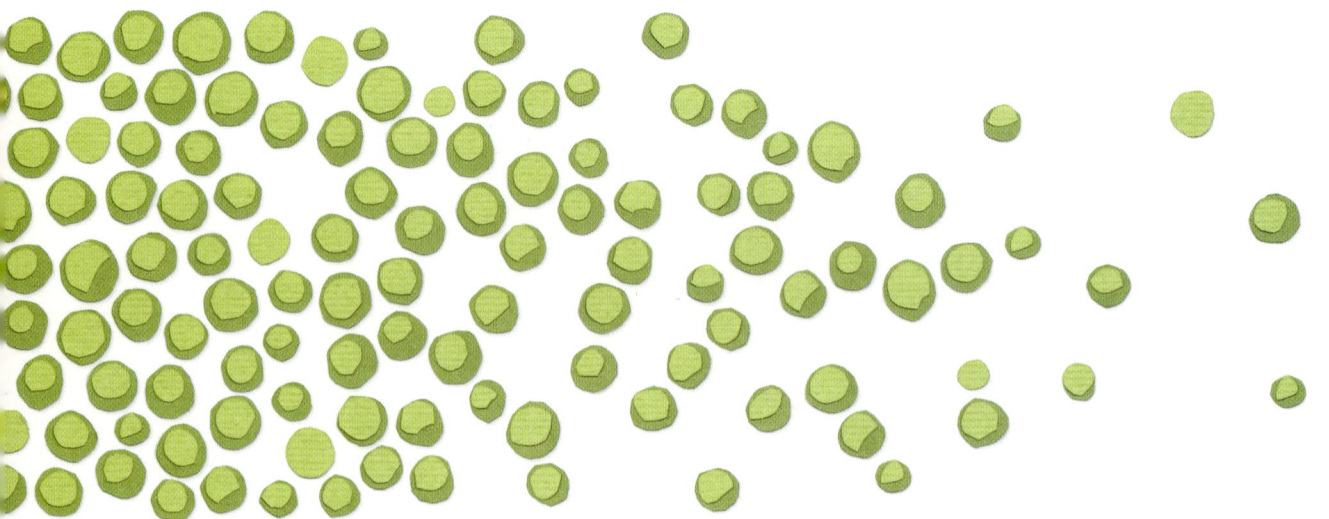

Mehr als eine leckere Nebensache!

GEMÜSE

Erbsen, Möhren & Co.

Die beliebtesten Gemüserezepte aus der alfredissimo!-Küche

MOEWIG

INHALT

GEMÜSE

Immer für eine Überraschung gut

Wenn einer eine Reise tut ..., dann kann er nicht nur etwas erleben, er kann auch seine Koch- und Essgewohnheiten neu überdenken. Mir ist es bei Gemüse so ergangen: Das spielte in meiner Küche lange Zeit allenfalls eine untergeordnete Rolle. Weder für die hierzulande typische Zubereitung – Gemüse in Salzwasser bis zum Zerfallen verkocht – noch für die fast rohe „Nouvelle Cuisine"-Variante konnte ich mich je begeistern. Vor allem meine Besuche in südeuropäischen Ländern haben aber dann meine Haltung der „grünen Küche" gegenüber grundlegend verändert. Dort bereitet man aus Feldfrüchten die wunderbarsten Gerichte zu, ob nun als Beilage oder als vollwertige Mahlzeit.

So kommt heute auch bei mir immer häufiger Gemüse auf den Tisch. Bevorzugt das, was gerade in unseren Breiten Saison hat und was möglichst in der Nähe angebaut wurde. Denn das ist nicht nur erntefrisch und geschmacklich am besten, es ist obendrein auch gesünder. Qualität ist eben auch in der Gemüseküche wichtig. Und dafür lohnt manchmal der Weg zum Biomarkt.

Gemüse – vor allem die unglaubliche Vielfalt der Gemüsezubereitung – sind eine echte Bereicherung für jeden Kochbegeisterten. Und keineswegs nur etwas für Vegetarier. Denn viele der hier für Sie zusammengestellten Rezepte sind auch ideal mit Fisch, Fleisch oder Käse kombinierbar. Probieren Sie es einfach aus.

Ich wünsche Ihnen viel Spaß mit unserem Gemüsebuch, ein gutes Gelingen beim Kochen und guten Appetit.

ERBSEN, MÖHREN & CO.

Gemüse – die leckerste Nebensache der Welt

Gemüse ist viel mehr! Jahrelang zur Beilage degradiert, emanzipiert sich Gemüse in seiner Sortenvielfalt in der heutigen Küche vom zerkochten, in mächtige Soßen getauchten Farbtupfer zur eigenständigen, variantenreichen Leckerei. Ob knackige Frische aus der Pfanne, Deftiges aus dem Ofen, zart Gedünstetes für ungewöhnliche Salate, Vitaminbomben aus dem Wok oder raffinierte Füllungen – Gemüse lassen sich auf vielfältige Weise zubereiten. Sie kommen auf einem Teller angerichtet bestens miteinander aus und sind auch optimal kombinierbar mit Fleisch, Fisch und Käse sowie jeglichen Kräutern und Gewürzen.

Angeblich kochte man früher Stängel, Knollen, Wurzeln, Blätter und Zwiebeln von Feldfrüchten zu einem breiigen Mus zusammen – daher wohl auch der Begriff „Gemüse". Heute regiert glücklicherweise die gegenteilige Zubereitung in der Gemüseküche. Im alfredissimo!-Team bevorzugen wir die schonende Garung, denn so behalten Gemüse viel mehr Eigengeschmack und ertrinken nicht in alles übertünchenden Mehl-, Milch- oder Sahneschwitzen. „Al dente", also mit Biss zubereitete Gemüse garantieren zudem, dass die kostbaren Mineral- und Ballaststoffe, Kohlenhydrate, pflanzlichen Eiweiße sowie lebenswichtigen Vitamine nicht verloren gehen. Und noch einen angenehmen Nebeneffekt bietet die meist erstaunlich schnelle „grüne Küche": Gemüse ist fast kalorienfrei. Da macht das sündenfreie Schlemmen doch gleich doppelt Spaß.

Gemüseeinkauf

Das Auge isst zwar mit. Doch bei Gemüse ist das Auge allzu leicht zu täuschen. Poliertes oder gar gewachstes exotisches Gemüse sieht zwar oft zum Anbeißen aus, ist aber zumeist nur auf die Optik hin gezüchtetes Treibhausgemüse, das neben

verwässertem Geschmack kaum noch gesunde Vitamine zu bieten hat. Konventionelles und im Supermarkt in Plastikfolie gefangenes Treibhausgrün ist nicht selten mit Düngerückständen und Schadstoffen belastet und hat durch lange Transportwege viele Nährstoffe verloren. Da lohnt sich der Einkauf von biologisch angebautem Gemüse. Das sieht zwar nicht immer so makellos aus, garantiert aber vollstes Aroma und den besten Geschmack.

Unser alfredissimo!-Tipp: Kaufen Sie Gemüse nach Möglichkeit nur dann, wenn es auch wirklich gerade Saison und möglichst keinen langen Transportweg hinter sich hat. Dann bekommen Sie beste und erntefrische Ware von hoher geschmacklicher Qualität.

Güteklassen

Auf die von der EU erlassenen Richtlinien für Handels- bzw. Güteklassen ist beim Einkauf nur wenig Verlass, da diese sich fast nur auf das attraktive Äußere von Gemüse konzentrieren. Die inneren Werte finden weder bei Güteklasse „Extra" (Erzeugnisse „in Form, Entwicklung und Farbe" von höchster Qualität), Güteklasse I (gute Qualität), Güteklasse II (marktfähige Qualität) noch Klasse III (marktfähig mit erweiterter Fehlertoleranz) eine wirkliche Berücksichtigung. Daher lieber kleine optische Unreinheiten in Kauf nehmen und dabei absolut frisches Gemüse genießen.

Frische auf Lager

Oberstes Gebot für frisches Gemüse: Am besten schnell verzehren, denn schon über Nacht verlieren fast alle Gemüsesorten, sieht man einmal von Rüben, Lauch, Fenchel, Wurzel- und Kohlgemüse ab, erheblich an Vitaminen und Nährstoffen, vor allem aber an Geschmack. Um solche Einbußen zu verhindern, sollte man in der Gemüse-betonten Küche alle lukullischen Schätze kühl, eher dunkel und mit ausreichend Feuchtigkeit versorgt lagern. Aber nur wenige Tage! Dann sollten sie verarbeitet werden. Wichtig zudem: Vor dem Lagern das Gemüse nicht waschen oder gar zerteilen, denn dann verflüchtigen sich Aroma und Nährstoffe noch schneller! Übrigens können auch Küchenkräuter problemlos einige Tage gelagert werden: am besten im Gemüsefach des Kühlschranks, mit Wasser befeuchtet und in Folie verpackt.

Im alfredissimo! -Team steht in der Regel ausschließlich frisches Gemüse auf der Einkaufsliste – nur bei Spinat und Erbsen greifen wir auch mal in die Tiefkühltruhe. Die industriellen Gefrierverfahren sind aber heutzutage auf einem wirklich hohen, nährwertschonenden Qualitätsstand, so dass man im Einzelfall auch andere Gemüse, wenn sie eben nicht frisch erhältlich sind, aus dem Gefrierfach verwenden kann.

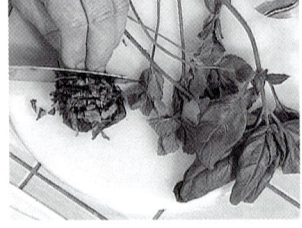

Gemüse zubereiten

Gemüse wollen mit viel Feingefühl behandelt werden. Bei falscher Handhabung geht schnell das ihnen eigene Aroma verloren. Das fängt schon beim Reinigen an: Erster Schritt dabei ist das Putzen, d.h. das Entfernen von unerwünschten Blattresten, Strünken oder erdigen Wurzelteilen. Vor dem Zerkleinern sollten Sie das Gemüse dann nur kurz in kaltem Wasser waschen – Knollen- und Wurzelgemüse dabei am besten abbrausen, alle übrigen Gemüse bevorzugt in stehendem Wasser reinigen. Rohes wie gegartes Gemüse sollte nicht längere Zeit im Wasser liegen bleiben, weil es sonst verwässert und seine Geschmacksstoffe fast ganz verliert. Erst jetzt, kurz vor dem eigentlichen Kochprozess sollten Sie das Gemüse zerteilen und dann möglichst schnell verwenden.

In fast all unserer Rezepten haben wir Ihnen als kleine Hilfe angegeben, in wie viel Wasser das Gemüse wie lange, mit oder ohne Deckel gegart werden soll. So kann eigentlich nichts schief gehen. Als Faustregel gilt jedoch immer: Kurze Garzeiten bewahren das Aroma und den Löwenanteil aller Inhaltsstoffe. Die Asiaten haben das längst erkannt: Nicht umsonst ist das im

Wok zubereitete Gemüse das vitaminreichste! Tipps für diese Methode des zeitsparenden und vor allem gesunden Pfannenrührens finden Sie auch in diesem Buch.

Blanchieren, Garziehen und Dünsten

Immer wieder werden Sie in diesem Buch angehalten, das Gemüse zu „blanchieren". Das ist ein für Gemüse sehr ratsamer und unaufwändiger Schritt, der die Vitamine schont, die natürliche Farbgebung verstärkt und den vollen Geschmack bewahrt: Einfach das Gemüse wenige Minuten in reichlich kochendes Wasser geben, danach mit (eis)kaltem Wasser abschrecken und gut abtropfen lassen. Kleiner Tipp am Rande: Wenn Sie mal Gemüse einfrieren wollen, sollten Sie es vorher auch blanchieren und erst dann in den Eisschlaf schicken. Empfehlen wir Ihnen, das Gemüse „garziehen" zu lassen, bedeutet das nichts anderes, als das Gemüse in seinem Kochsaft ziehen zu lassen, ohne es zum sieden zu bringen. Auch „dünsten" geht kinderleicht: das Gemüse in Fett und evtl. etwas zusätzlicher Flüssigkeit zugedeckt garen lassen. Der Vorteil dabei: Kein Kochwasser muss weggeschüttet werden. Also bleiben fast alle Nährstoffe erhalten und das Gemüse bleibt knackig, aromatisch und garantiert lecker.

Brühevarianten

Viele der Rezepte benötigen für das optimale Gelingen den Zusatz von Brühe. Sofern wir in unseren Zutatenlisten nicht explizit auf eine bestimmte Brühe verweisen, ist ihre eigene geschmackliche Kreativität gefragt. Je nach Lust und Laune können sie Ihr Gemüsegericht dann mit Gemüse-, Hühner- oder Fleischbrühe kombinieren. Natürlich können Sie zum Verfeinern auch fertige Brühe aus dem Glas oder gekörntes Pulver zum Aufkochen benutzen. Allerdings geht nichts über eine selbst gemachte Brühe. Die ist zwar zeitintensiver in der Vorbereitung aber unübertroffen im Geschmack.

Nützliche Hinweise

Frische und Geschmack haben in diesem Buch in jeder Hinsicht Vorfahrt. Daher lohnt vor dem Einkauf ein kleiner Blick in unser Gemüseglossar auf Seite 92–93. Da erfahren Sie, zu welcher Zeit welches Gemüse Saison hat, was Sie zu beachten haben und wie es erntefrisch auf Ihren Tisch kommen kann. Natürlich geben wir Ihnen auch in diesem Buch die bewährten alfredissimo!-Tipps zum besonderen Gelingen der Gerichte oder als Wegweiser für Rezeptalternativen. Wo diese im Einzelnen zu finden sind, entnehmen Sie dem Register auf Seite 95.

Temperatur- und Mengenangaben

Die Temperaturangaben für unsere Backofengerichte sind dem Elektroherd entsprechend in Grad Celsius angegeben. Um sie problemlos auf den Gasherdbetrieb zu übertragen, hier kurz die Temperaturentsprechungen für die Schaltstufen beim Gasherd:

Stufe 1 = 160 °C / Stufe 2 = 180 °C / Stufe 3 = 200 °C / Stufe 4 = 220 °C / Stufe 5 = 235 °C / Stufe 6 = 250 °C / Stufe 7 = 265 °C / Stufe 8 = 280 °C

Ist ihr Ofen mit der Umluftfunktion ausgestattet, verringert sich die Gartemperatur um ca. 10–30 °C und die Backzeit ebenso um einige Minuten. Soll Ihr Gericht beispielsweise im vorgeheizten Ofen 45 Minuten bei 200 °C (im Gasherd Stufe 3) backen, so reichen bei Umluftbetrieb ca. 180 °C und nur ungefähr 40 Minuten Garzeit.

Bei den Mengenangaben der Rezepte gehen wir von einem Gericht für vier Personen aus. Wollen Sie jedoch mehr, z.B. acht Personen bewirten, können die Zutaten nicht einfach verdoppelt werden. Hier ist Fingerspitzengefühl und vor allem der eigene Geschmack gefragt, denn bei Flüssigkeiten und Gewürzen reicht oft nur ein wenig mehr der Originalmenge. Deshalb lieber einmal zu viel als zu wenig abschmecken!

Gewürze und Kräuter

Apropos abschmecken. Zur Veredelung von frischem Gemüse gehören möglichst frische Gewürze. Wenn Ihre Nase einmal mit dem Aroma frisch geriebener Muskatnuss verwöhnt worden ist, verbannen Sie das abgepackte Pulver eh aus Ihrem Schrank. Wetten, dass ...? Eine Pfeffermühle darf ebenso wenig in der Küche fehlen. Bei Pfeffer, egal ob grün, weiß oder schwarz, handelt es sich übrigens um Beeren derselben Pflanze, die zu unterschiedlichen Reifestadien geerntet werden. In der alfredissimo! - Gewürzküche bevorzugen wir die schwarze Variante des „Scharfmachers": im Vergleich zu weißem Pfeffer ist er eher fruchtig, etwas milder und würziger. In Sachen Petersilie raten wir übrigens immer eher zur glatten, denn die ist geschmacksreicher. Die krause wiederum stellt die schönere optische Variante dar.

Und noch ein kleiner Tipp: Werfen Sie z.B. Möhrenkraut oder Fenchelgrün nicht sofort in den Biomüll. Beides schmeckt fein gehackt über die jeweilige Speise gegeben einfach herrlich. Wer auf den Geschmack von aromatischen Blattstielen gekommen ist, sollte unbedingt unser Rübstielrezept probieren: ein herzhaftes, vor allem in Westfalen und dem Rheinland gern gegessenes Stielmus von Mai- oder Herbstrüben!

Guten Appetit

Wir wünschen uns sehr, dass die vorliegende Rezeptsammlung Lust auf Gemüse macht. Lassen Sie Ihrer Kreativität beim Kombinieren, Variieren und Würzen freien Lauf – der Gemüseküche sind keine Grenzen gesetzt.

Viel Spaß mit unseren Rezepten, ein gutes Gelingen und Hauptsache viel Freude beim Neuentdecken der leckersten Nebensache der Welt.

VORSPEISEN & SALATE

AUBERGINENMUS

Schmeckt gut mit Fladenbrot oder Baguette

Die Auberginen unter dem Grill im Backofen in ca. 25 Minuten weich garen; dabei mehrmals wenden. Die Zitrone auspressen. Zwiebel schälen und sehr fein würfeln. Auberginen halbieren, das Fleisch mit einem Löffel aus der Schale lösen, mit etwas Zitronensaft beträufeln und fein hacken. Das Mus mit dem restlichen Zitronensaft, der Zwiebel, dem Salz und dem Öl sämig verrühren. 2–3 Stunden, besser aber über Nacht, zugedeckt im Kühlschrank ziehen lassen.

Die Tomaten waschen, vierteln und den Stielansatz entfernen. Petersilie waschen, trockentupfen und fein hacken.

Das Auberginenmus mit den Tomatenvierteln, den Oliven und der gehackten Petersilie garnieren.

2 große Auberginen

1 Zitrone, unbehandelt

1 Zwiebel

Salz

100 ml Olivenöl

2 Tomaten

1 Bund Petersilie

6 grüne Oliven, entsteint

ROTE-BETE-CARPACCIO

Hauchdünn geschnitten mit einer einfachen Vinaigrette

Die Rote Bete mit einer Bürste unter fließendem Wasser säubern und anschließend in Salzwasser ca. 45 Minuten garen, abgießen, mit kaltem Wasser abschrecken und danach die Schale abziehen. Den Knoblauch schälen.

Mit einem sehr scharfen Messer die Rote-Bete-Knollen in hauchdünne Scheiben schneiden und nebeneinander auf einem Teller anrichten. Aus dem gepressten Knoblauch, Salz, Balsamico und Olivenöl eine Vinaigrette rühren.

Die Vinaigrette über die Rote-Bete-Scheiben tröpfeln und mit grob gemahlenem Pfeffer servieren.

Dazu passt türkisches Fladenbrot.

4 Rote-Bete-Knollen, mittelgroß

Salz

1–2 Knoblauchzehen

2 Esslöffel Balsamico-Essig

4–5 Esslöffel Olivenöl

Pfeffer, grob gemahlen

MARINIERTE GEMÜSE

Verschiedene Gemüse mit Orangen und Limetten

150 g kleine Schalotten

2–3 Knoblauchzehen

150 g kleine Champignons

150 g Kirschtomaten

1 dünne Zucchini

1 Orange, unbehandelt

1 Limette, unbehandelt

1 Bund Basilikum

50 ml Balsamico-Essig, hell

50 ml Gemüsebrühe

Salz

Pfeffer, frisch gemahlen

50 ml Olivenöl

Schalotten und Knoblauch schälen. Die Champignons trocken putzen, die Kirschtomaten waschen und halbieren. Zucchini putzen, waschen und in ca. 1 cm dicke Scheiben schneiden. Die Orange und die Limette heiß abwaschen, abtrocknen und von beiden Früchten jeweils 1 Teelöffel Schale abreiben. Danach beide Früchte auspressen. Das Basilikum waschen und trockentupfen.

Pilze, Schalotten und Zucchini in eine Schüssel geben. Den Fruchtsaft, die abgeriebene Schale, den Balsamico und die Gemüsebrühe vermischen und den Knoblauch dazupressen. Alles über das Gemüse geben und unterheben. Etwa 2 Stunden ziehen lassen.

Gemüse in ein Sieb geben, die Marinade dabei auffangen. Das Gemüse unter Wenden in einer heißen Pfanne ohne Öl etwa 8 Minuten anbraten, herausnehmen und mit Salz und Pfeffer würzen.

Die Marinade mit dem Olivenöl mischen, in der Pfanne erwärmen und wieder über das Gemüse geben. Die Kirschtomaten unterheben und mindestens 2 Stunden kühl stellen. Vor dem Servieren mit gezupftem Basilikum garnieren.

GRATINIERTE GEMÜSE

Mediterran mit Feta überbacken

Das Toastbrot fein zerbröseln. Petersilie waschen, trocken-tupfen und fein hacken. Den Knoblauch schälen. Die Paprika waschen, halbieren und die Kerne sowie die weißen Rippen entfernen. Die Schoten in 3–4 cm breite Streifen schneiden. Auberginen putzen, waschen und in 1 cm dicke Scheiben schneiden. Tomaten waschen, halbieren und die Stielansätze entfernen. Den Feta sehr klein würfeln.

Eine ofenfeste Form mit 1 Esslöffel Olivenöl ausstreichen und das Gemüse in die Form legen. Brotkrümel, Petersilie und den gepressten Knoblauch vermischen und mit Salz und Pfeffer würzen. Die Masse auf dem Gemüse verteilen und den Feta darüber geben. Mit dem getrockneten Rosmarin bestreuen und den Rosmarinzweig obenauf legen. Alles mit 4–5 Esslöffel Olivenöl beträufeln und im vorgeheizten Backofen 30 Minuten bei 200 °C garen.

1 Scheibe Toastbrot, altbacken

1 Bund glatte Petersilie

1 Knoblauchzehe

1 rote Paprika

1 grüne Paprika

2 kleine Auberginen

3 Tomaten

100 g Feta

5–6 Esslöffel Olivenöl

Salz

Pfeffer, frisch gemahlen

1 Esslöffel Rosmarin, getrocknet

1 Rosmarinzweig

 Rosmarin, Dill und Co.

Empfindliche Kräuter, vor allem Schnittlauch, Basilikum und Dill, in der Regel nicht mitkochen, denn sie verlieren dabei viel von ihrem Geschmack. Anders dagegen Thymian und Rosmarin – diese entfalten erst beim Erhitzen ihr volles Aroma. Ebenso Salbei – der schmeckt besonders kräftig, wird er in Fett erhitzt.

LAUCHSALAT MIT SHIITAKE-PILZEN

Pikanter Salat mit kross gebratenem Speck

Lauch putzen und waschen. Die Stangen schräg in 1 cm breite Streifen schneiden und in wenig Salzwasser 5–8 Minuten bissfest garen. Die Pilze putzen, in Scheiben schneiden und kurz in 1 Esslöffel heißem Pflanzenöl anbraten. Speck würfeln, ohne Fett kross braten und auf Küchenpapier abtropfen lassen. Den Schnittlauch waschen, trockentupfen und klein schneiden.

Aus Cayenne-Pfeffer, Salz, Zucker, Sherry- und Weißwein-Essig, dem grobkörnigen Senf und dem restlichen Pflanzenöl eine Vinaigrette rühren.

Den Lauch, den Speck und die Pilze mit der Vinaigrette vermischen und mit Schnittlauch bestreut servieren.

3 Stangen Lauch

Salz

250 g Shiitake-Pilze

6 Esslöffel Pflanzenöl

150 g magerer Speck

1 Bund Schnittlauch

Cayenne-Pfeffer

Zucker

1½ Esslöffel Sherry-Essig

1½ Esslöffel Weißwein-Essig

1 Esslöffel grobkörniger Senf

KÜRBISSALAT

Curry und Chili geben den Geschmack

Den Kürbis schälen, entkernen und das Fruchtfleisch würfeln. Lauch und Sellerie putzen und waschen und beides in 0,5 cm dicke Streifen schneiden. Den Knoblauch schälen und fein hacken. Die Chilischote halbieren, entkernen und in feine Ringe schneiden. Die Petersilie waschen, trockentupfen und fein schneiden. Kürbiskerne in einer Pfanne ohne Fett anrösten.

Kürbis, Lauch, Sellerie, Knoblauch und die Chilischote in dem Öl ca. 10 Minuten andünsten. Mit Salz, Pfeffer und Curry würzen und mit dem Weißwein löschen. Zugedeckt weitere 10 Minuten garen und dann vom Feuer nehmen. Den Essig und die Hälfte der Petersilie untermischen. Mindestens 2–3 Stunden durchziehen lassen.

Vor dem Servieren noch einmal abschmecken. Mit der restlichen Petersilie und den gerösteten Kürbiskernen bestreuen.

800 g Kürbis,
am besten eignet sich die Sorte Hokkaido

1 Stange Lauch

4 Selleriestangen

2 Knoblauchzehen

1 kleine rote Chilischote

1 Bund Petersilie

2 Esslöffel Kürbiskerne

2 Esslöffel Pflanzenöl

Salz

Pfeffer, frisch gemahlen

Curry

⅛ l trockener Weißwein

2–3 Esslöffel Weißwein-Essig

SPINATSALAT MIT KARAMELLISIERTEN WALNÜSSEN

Zarte Spinatblätter mit Himbeer-Essig und Nussgeschmack

500 g junger Spinat (Babyspinat)

1 Friséesalat

3 Esslöffel Himbeeren (tiefgekühlt oder frisch)

2–3 Esslöffel Zucker

2–3 Esslöffel Weißwein

2–3 Esslöffel Brühe

12 geschälte Walnüsse

1 Esslöffel Himbeer-Essig

2 Esslöffel Walnussöl

Salz

Pfeffer, frisch gemahlen

150 g Mimolette-Belle-Käse oder mittelalter Gouda

Den Spinat und den Friséesalat putzen, gründlich waschen und trockenschleudern. Frische Himbeeren verlesen und eventuell waschen, tiefgekühlte auftauen.

In einer Pfanne 1–2 Esslöffel Zucker mit Wein und Brühe auflösen. Darin die Walnüsse unter Rühren karamellisieren und dann herausnehmen. Für das Dressing die Himbeeren mit einer Gabel zerdrücken und mit Essig und Öl verrühren. Mit Salz, Pfeffer und Zucker abschmecken.

Das Dressing über den Spinat geben. Auf Tellern anrichten und mit den hellgrünen Blättern des Friséesalats dekorieren. Den Käse darüber hobeln und mit den karamellisierten Walnüssen garnieren.

 **Babyspinat**

Für diesen raffinierten Salat eignet sich ausschließlich der besonders feine, frische Babyspinat. Sicherheitshalber beim Gemüsehändler vorbestellen.

FELDSALAT MIT MUNG-BOHNEN

Erfrischend mit Papaya, Minze und Sprossen

Die Mung-Bohnen über Nacht einweichen. Abgießen und in ca. 1 l Salzwasser 10–15 Minuten garen. Feldsalat putzen, gründlich waschen und trockenschleudern. Minze, Petersilie und Basilikum waschen, trockentupfen und die Hälfte der Blätter fein hacken. Die Sojabohnensprossen in einem Sieb mit kochendem Wasser übergießen. Alle Sprossen kalt abspülen und abtropfen lassen. Die Papaya halbieren, entkernen, schälen und in mundgerechte Stücke schneiden.

Aus Senf, Olivenöl, Apfelessig, 3 Esslöffel Wasser, Salz, Pfeffer und Zucker eine Vinaigrette rühren. Die gehackten Kräuter untermischen.

Den Salat mit den Kräuterblättchen und den Sprossen mischen und auf Tellern anrichten. Mung-Bohnen abgießen, kalt abschrecken, abtropfen lassen und sie anschließend mit der Papaya auf dem Salat verteilen. Mit der Vinaigrette beträufeln und servieren.

100 g Mung-Bohnen
(Mung-dal, im Asienladen erhältlich)

Salz

150 g Feldsalat

3 Stiele Minze

1 Bund Petersilie

1 Bund Basilikum

100 g Sojabohnen-, Alfalfa- und Radieschensprossen

1 Papaya

2 Teelöffel grobkörniger Dijonsenf

4 Esslöffel Olivenöl

3 Esslöffel Apfelessig

Pfeffer, frisch gemahlen

1–2 Teelöffel Zucker

 Sojabohnensprossen

Sojabohnensprossen sollten generell vor dem Verzehr mit kochendem Wasser überbrüht werden. Sie enthalten einen giftigen Stoff, der dabei zerstört wird.

SALAT AUS WEISSEN BOHNEN

Warm oder kalt eine leckere Mahlzeit

Die Zwiebeln schälen und eine davon mit dem Lorbeerblatt und der Nelke spicken. Die über Nacht eingeweichten Bohnen im Einweichwasser mit der gespickten Zwiebel, 1 Teelöffel Salz und 2 Esslöffel Essig etwa 60 Minuten bei kleiner Hitze garen. Die Bohnen abgießen und abtropfen lassen. Schnittlauch waschen und trockentupfen. Den Schnittlauch sowie die zweite Zwiebel fein hacken.

Speck würfeln, ohne Fett kross braten und auf Küchenkrepp abtropfen lassen.

Aus der gehackten Zwiebel, dem Pflanzenöl, Kräuteressig, Schnittlauch, 1 Kästchen Kresse, Zucker, Salz und Pfeffer eine Vinaigrette rühren. Die Bohnen unterheben und mit dem ausgelassenen Speck vermengen. Die restliche Kresse über den Salat streuen.

Der Bohnensalat schmeckt lauwarm genauso gut wie abgekühlt und durchgezogen. Dazu passt Vollkornbrot mit Butter.

2 Zwiebeln

1 Lorbeerblatt

1 Nelke

*500 g getrocknete weiße Bohnen,
am Tag vorher in 1 ½ l Wasser eingelegt*

Salz

2 Esslöffel Weißwein- oder Sherry-Essig

1 Bund Schnittlauch

100 g magerer Speck

100 ml Pflanzenöl

75 ml Kräuteressig

2 Kästchen Kresse

Zucker

Pfeffer, frisch gemahlen

ERBSEN-SPARGEL-SALAT

Salat mit Kresse und Roquefortsoße

Den Spargel waschen, die holzigen Enden abschneiden und die Stangen in mundgerechte Stücke schneiden. In Salzwasser 8–12 Minuten garen; er sollte noch Biss haben.

Erbsen auftauen und unter fließendem kalten Wasser waschen und abtropfen lassen. Die saure Sahne mit der Crème fraîche vermischen und den mit einer Gabel zerdrückten Roquefortkäse hinzugeben. Gut verrühren und mit den Gewürzen abschmecken. Den Spargel, die Erbsen und die Hälfte der Kresse dazugeben.

Den Salat in einer Schüssel mit der restlichen Kresse anrichten und servieren.

500 g frischer grüner Spargel

Salz

250 g Erbsen, tiefgekühlt

200 ml saure Sahne

1 Esslöffel Crème fraîche

100 g Roquefortkäse

1 Teelöffel Zucker

Pfeffer, frisch gemahlen

1 Kästchen Kresse

Grünen Spargel putzen

Bei grünem Spargel muss nur das untere Drittel geschält werden. Außerdem immer den holzigen Anschnitt entfernen.

BOHNENSALAT MIT SELLERIEDRESSING

Zwei verschiedene Bohnensorten mit Tomaten und einer Vinaigrette

250 g Wachsbohnen
250 g Buschbohnen
1 Bund Bohnenkraut
Salz
150 g Knollensellerie
1 Esslöffel Butter
1 Bund Schnittlauch
1 Schalotte
300 g Kirschtomaten
½ Zitrone, unbehandelt
Pfeffer, frisch gemahlen
Zucker
4 Esslöffel Sherry-Essig
5 Esslöffel Sonnenblumenöl

Die Bohnen putzen, waschen und in ca. 5 cm große Stücke schneiden. Dann zusammen mit dem Bohnenkraut in Salzwasser ca. 8–10 Minuten bissfest garen, abschütten und mit Eiswasser abschrecken. In einem Sieb abtropfen lassen.

Sellerie putzen, waschen und in sehr kleine Würfel schneiden. Diese in Butter kurz anschwitzen und dann abkühlen lassen. Schnittlauch waschen, trockentupfen und ebenso wie die geschälte Schalotte in Ringe schneiden. Die Tomaten putzen, waschen und halbieren. Die Zitrone auspressen.

Salz, Pfeffer, eine Prise Zucker, Essig, 2 Teelöffel Zitronensaft und Öl verrühren, die Selleriewürfel und die Schalottenringe dazugeben.

Bohnen und Tomaten mit dem Dressing vermischen und mindestens 1 Stunde durchziehen lassen. Mit Schnittlauch bestreut servieren.

BROKKOLISALAT

Mit Rosinen, Sonnenblumenkernen und knusprigem Bacon

Den Brokkoli putzen und waschen, die dicken Stiele entfernen und die Köpfe in Röschen zerpflücken. Die Zwiebeln schälen und fein schneiden. Rosinen waschen und klein hacken.

Brokkoli mit den Sonnenblumenkernen, den Zwiebeln und den Rosinen vermischen. Aus Salz, Pfeffer, Balsamico-Essig, Salatmajonäse und Dosenmilch bzw. Jogurt ein Dressing rühren. Das Dressing über den Brokkoli geben, vermischen und den Salat mindestens 2 Stunden, am besten aber über Nacht, abgedeckt durchziehen lassen.

Vor dem Servieren den Bacon in einer Pfanne ohne Fett kross braten. Auf Küchenpapier abtropfen lassen und abgekühlt über den Salat bröseln.

500 g Brokkoli

1–2 rote Zwiebeln

4 Esslöffel Rosinen

2–3 Esslöffel Sonnenblumenkerne

Salz

Pfeffer, frisch gemahlen

2 Esslöffel Balsamico-Essig

5 Esslöffel Salatmajonäse

2 Esslöffel Dosenmilch oder Jogurt, natur

75 g Bacon, in dünnen Scheiben

 **Selbst gemachte Majonäse**

In einer Schüssel 1 frisches Ei, ½ Teelöffel Senf, 2 Teelöffel Zitronensaft, ½ Teelöffel Salz, Pfeffer und eine Prise Zucker mit dem Handrührgerät verrühren. Ca. 200 ml Pflanzenöl in einem dünnen Strahl unter ständigem Rühren einfließen lassen, bis die gewünschte Konsistenz erreicht ist.

SUPPEN

ROTE-LINSEN-SUPPE MIT SPINAT

An den Orient erinnert diese Suppe

1 Bund Suppengemüse

2 kleine Zwiebeln

300 g Spinat

150 g rote Linsen

1 Zitrone, unbehandelt

3 Esslöffel Olivenöl

1 Esslöffel Tomatenmark

4 Esslöffel Apfelessig

800 ml Gemüsebrühe

2 Esslöffel grober Senf

1 Teelöffel Zucker

Salz

Pfeffer, frisch gemahlen

1 Esslöffel kalte Butter

Das Suppengemüse putzen, waschen und klein schneiden. Zwiebeln schälen und würfeln. Den Spinat putzen, waschen und in ca. 5 cm lange Streifen schneiden. Linsen waschen und in einem Sieb abtropfen lassen. Spinatstreifen in kochendem Wasser 1 Minute blanchieren. Die Zitrone heiß abwaschen, abtrocknen und 1 Teelöffel Schale abreiben.

Zwiebelwürfel im Olivenöl glasig anschwitzen, das klein geschnittene Suppengemüse dazugeben und etwa 5 Minuten andünsten. Die Linsen und das Tomatenmark unterrühren und mit Essig und der Gemüsebrühe ablöschen. Auf kleiner Flamme die Suppe 10–15 Minuten kochen, bis die Gemüse gar sind. Mit grobem Senf, Zitronenschale, 1 Teelöffel Zucker, Salz und Pfeffer abschmecken.

Die Suppe pürieren und anschließend entweder durch ein Spitzsieb oder die Flotte Lotte streichen. Mit dem Pürierstab die kalte Butter unterrühren und so die Suppe nochmals aufschäumen. Den blanchierten Spinat wenige Minuten in der Suppe ziehen lassen.

Auf Tellern anrichten und Pfeffer darüber mahlen.

ROSENKOHLSUPPE

Mit Brunnenkresse und kross gebratenem Bacon

Den Rosenkohl putzen, waschen und vierteln. Zwiebel schälen und fein würfeln. Die Kartoffel ebenfalls schälen, waschen und würfeln. Brunnenkresse waschen, trockenschleudern, die Blätter abzupfen und in Streifen schneiden. Den Bacon würfeln.

Die gewürfelten Zwiebeln in der Butter glasig anschwitzen und dann die Kartoffelwürfel dazugeben. Mit der Brühe ablöschen und das Ganze einige Minuten kochen. Den Rosenkohl dazugeben und weitere 10 Minuten kochen. Bacon in einer Pfanne ohne Fett knusprig braten und anschließend auf Küchenkrepp abtropfen lassen. Crème fraîche unter die Suppe rühren und alles pürieren.

Mit Salz, Pfeffer und Muskatnuss abschmecken. Die Suppe auf Tellern, mit Bacon und Brunnenkresse garniert, servieren.

500 g Rosenkohl

1 große Zwiebel

1 große Kartoffel

1 Bund Brunnenkresse

3 Scheiben Bacon, je 2-3 mm dick

50 g Butter

1 l Brühe

2-3 Esslöffel Crème fraîche

Salz

Pfeffer, frisch gemahlen

Muskatnuss, frisch gerieben

 **Alternative zum Bacon**

Wer eine vegetarische Suppe möchte, kann den Bacon durch geräucherten Tofu ersetzen. Dieser wird gewürfelt und in Butter braun gebraten.

GEEISTE RUSSISCHE ROTE-BETE-SUPPE

Kalte Suppe mit Wodka und viel Dill

Die Rote Bete abtropfen lassen und dabei den Saft auffangen. Gurke schälen und auf einer Rohkostreibe raspeln. Die Frühlingszwiebeln putzen, waschen und in feine Ringe schneiden. Die Eier hart kochen, abschrecken, schälen und in Würfelchen schneiden. Dill waschen, trockentupfen und fein hacken. Den Knoblauch schälen.

Rote Bete im Mixer zerkleinern. Zusammen mit der Gurke, den Frühlingszwiebeln und dem durchgepressten Knoblauch in eine Schüssel geben. Die saure Sahne unterrühren und mit Salz und Zucker abschmecken. Nach Geschmack und Konsistenz etwas von dem Rote-Bete-Saft unterrühren. Im Kühlschrank 2 Stunden durchziehen lassen.

Die gekühlte Suppe mit einem Schuss Wodka und einem Eiswürfel auf den Teller geben. Mit Ei und Dill garnieren.

1 kg Rote Bete aus dem Glas

1 Salatgurke

1 Bund Frühlingszwiebeln

2 Eier

1 Bund Dill

4 Knoblauchzehen

250 g saure Sahne

Salz

Zucker

50 ml Wodka

Eiswürfel

MÖHRENSUPPE MIT DILL

Ahornsirup verleiht der leichten Suppe die besondere Note

500 g Möhren

1 Bund Petersilie

1 Bund Dill

10 Kirschtomaten

1 Zitrone, unbehandelt

¾ l Gemüsebrühe

1 Messerspitze Safran, gemahlen

1 Esslöffel Olivenöl

1 Esslöffel Balsamico-Essig

2 Esslöffel Ahornsirup

Salz

Pfeffer, frisch gemahlen

Die Möhren putzen und in dünne Scheiben schneiden. Petersilie und Dill waschen, trockentupfen und fein hacken. Tomaten waschen, vierteln und den Stielansatz entfernen. Die Zitrone heiß abwaschen und von einer Hälfte die Schale abreiben.

Die Gemüsebrühe mit dem Safran zum Kochen bringen und die Möhren darin 10 Minuten kochen lassen, bis sie weich sind.

Olivenöl, Balsamico-Essig, die abgeriebene Zitronenschale, 1 Esslöffel gehackte Petersilie, den Ahornsirup, 1 Esslöffel Dill und die Tomatenviertel zur Suppe geben und pürieren. Mit Salz und Pfeffer abschmecken.

Mit den restlichen Kräutern garniert servieren.

ENDIVIENSUPPE MIT PECORINO

Herber Salatgeschmack mit ausgelassenem Speck, Basilikum und Käse

Den Endiviensalat putzen, waschen und trockenschleudern, die Blätter in dünne Streifen schneiden. Schalotte schälen und fein würfeln. Den Speck ebenfalls in Würfel schneiden. Das Basilikum waschen, trockentupfen und die Blättchen abzupfen. Kartoffeln schälen, waschen und möglichst fein würfeln. Die Zitrone auspressen.

Die Basilikumblätter, eine Prise Salz und 40 ml Olivenöl im Mixer oder mit dem Pürierstab pürieren.

Im restlichen Olivenöl den Speck auslassen und darin die Schalottenwürfel andünsten. Salatstreifen und Kartoffelwürfel dazugeben und mit der Gemüsebrühe aufgießen. Das Ganze einmal aufkochen lassen und bei kleiner Hitze etwa 10 Minuten köcheln, bis die Kartoffeln gar sind. Mit 1–2 Teelöffel Zitronensaft, Salz und Pfeffer abschmecken.

Auf Tellern anrichten und mit saurer Sahne, dem Basilikumöl und gehobeltem Pecorino servieren.

1 kleiner Endiviensalat

1 Schalotte

50 g Speck, durchwachsen

1 Bund Basilikum

1–2 Kartoffeln

½ Zitrone, unbehandelt

Salz

50 ml Olivenöl

800 ml Gemüsebrühe

Pfeffer, frisch gemahlen

1–2 Esslöffel saure Sahne

25 g Pecorino am Stück

SELLERIE-PROSECCO-SUPPE

Schaumige Suppe mit in Ahornsirup gebratenen Apfelstückchen

Den Sellerie schälen, waschen und in ca. 3 cm große Würfel schneiden. Zwiebel und Knoblauch schälen und fein hacken. Die Zitrone auspressen. Den Apfel schälen, vierteln, entkernen und in kleine Würfel schneiden. Diese mit Zitronensaft beträufeln, damit sie nicht braun werden. Majoran waschen, trockentupfen und die Blättchen abzupfen.

Zwiebelwürfel und Knoblauch im Pflanzenöl glasig anschwitzen, den Sellerie dazugeben, kurz mit anschwitzen und alles salzen und pfeffern. Das Gemüse mit 150 ml Prosecco, dem Apfelsaft und ¼ l Gemüsebrühe ablöschen. Suppe aufkochen lassen und zugedeckt bei mittlerer Hitze ca. 25 Minuten kochen lassen, bis der Sellerie weich ist. Crème fraîche dazugeben und die Suppe pürieren. Von der restlichen Gemüsebrühe so viel hinzufügen, dass eine cremige Suppe entsteht. Mit Muskatnuss, Cayenne-Pfeffer, Salz und Pfeffer abschmecken. Die Suppe eventuell durch ein Sieb geben und noch einmal aufkochen lassen.

Die Apfelstücke in einer Pfanne mit Butter und dem Ahornsirup kurz anbraten. Den restlichen Prosecco und die Majoran-blättchen zur Suppe geben und sie auf Tellern mit den Apfel-stückchen servieren.

500 g Knollensellerie

1 Zwiebel

1 Knoblauchzehe

1 Zitrone, unbehandelt

1 Apfel

3 Zweige frischer Majoran

2 Esslöffel Pflanzenöl

Salz

Pfeffer, frisch gemahlen

200 ml Prosecco

¼ l Apfelsaft

½ l Gemüsebrühe

100 g Crème fraîche

Muskatnuss, frisch gerieben

Cayenne-Pfeffer

20 g Butter

2 Esslöffel Ahornsirup

PETERSILIENWURZELSUPPE

Cremige Suppe mit gerösteten Kürbiskernen

50 g Kürbiskerne

1 kg Petersilienwurzeln

2 säuerliche Äpfel

2 Schalotten

1 Esslöffel Olivenöl

1 l Gemüsebrühe

200 ml süße Sahne

Muskatnuss, frisch gerieben

1 Teelöffel brauner Zucker

Salz

Pfeffer, frisch gemahlen

etwas Kürbiskernöl

Die Kürbiskerne in einer Pfanne ohne Fett anrösten. Die Petersilienwurzeln schälen, waschen und in Stücke schneiden. Äpfel schälen, vierteln, entkernen und klein schneiden.

Schalotten schälen, würfeln und im Olivenöl glasig dünsten. Petersilienwurzeln und die Äpfel dazugeben und kurz mitdünsten. Mit der Gemüsebrühe ablöschen und dann zugedeckt etwa 30 Minuten köcheln lassen.

Die Suppe fein pürieren, die Sahne hinzufügen und je nach Geschmack durch ein Sieb streichen. Mit Muskatnuss, Zucker, Salz und Pfeffer abschmecken.

Die Suppe auf dem Teller mit den Kürbiskernen bestreuen und mit Kürbiskernöl beträufelt servieren.

SAUERKRAUTSUPPE

Deftig und wärmend mit Wurst und Speck

Speck würfeln, Zwiebeln und Knoblauch schälen und ebenfalls in kleine Würfel schneiden.

Die Speckwürfel im Schmalz anbraten und darin die Zwiebeln glasig anschwitzen. Den Kümmel, Knoblauch und Paprikapulver dazugeben und kurz mit andünsten. Mit der Fleischbrühe ablöschen und das Sauerkraut in den Topf geben. Zugedeckt 20 Minuten köcheln lassen. Die Würste in die Suppe geben und warm ziehen lassen. Anschließend herausnehmen und in Scheiben schneiden.

Die Sauerkrautsuppe mit Salz und Pfeffer abschmecken und dann mit der Wurst und einem Klecks Crème fraîche servieren.

100 g geräucherter Speck

2 Zwiebeln

1 Knoblauchzehe

2 Esslöffel Schweineschmalz

½ Teelöffel Kümmel

1 Esslöffel Paprikapulver, mild

1 l Fleischbrühe

500 g Sauerkraut

*4 Debrecziner Würste
oder andere geräucherte Mettwürstchen*

Salz

Pfeffer, frisch gemahlen

100 g Crème fraîche

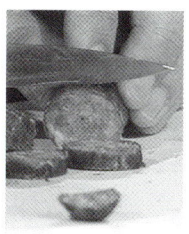

KARTOFFELSUPPE MIT KOKOSMILCH

Ein fernöstlicher Mix aus Kokos, Chili, Ingwer und Koriander

Die Kartoffeln waschen und in Salzwasser etwa 20 Minuten gar kochen. Den Koriander waschen, trockentupfen und hacken. Chilischote halbieren, entkernen und in feine Streifen schneiden. Ingwer schälen und fein reiben. Den Knoblauch schälen.

Kartoffeln abschütten, pellen und mit dem Kartoffelstampfer zerdrücken. Das Sesamöl erhitzen und Ingwer, Chilischote, durchgepressten Knoblauch und 1 Esslöffel Zucker dazugeben. Alles kurz andünsten, die Kartoffeln in den Topf geben und etwas anbraten. Dann die Gemüsebrühe und die Kokosmilch mit dem Kartoffelpüree verrühren. Einmal kurz aufkochen lassen und mit Zucker, Salz und Pfeffer abschmecken.

Mit Koriander bestreut servieren.

1 kg mehlig kochende Kartoffeln

Salz

1 Bund frischer Koriander

1 grüne Chilischote

30 g frische Ingwerwurzel

2 Knoblauchzehen

2 Esslöffel Sesamöl

1–2 Esslöffel brauner Zucker

1½ l Gemüsebrühe

¼ l Kokosmilch

Pfeffer, frisch gemahlen

 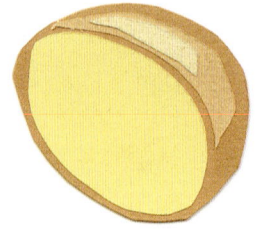

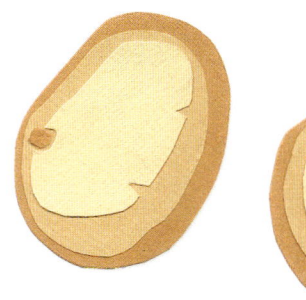

KARTOFFELSUPPE MIT STEINPILZEN

Eine sahnige, herbstliche Suppe

Pilze trocken putzen und in dünne Scheiben schneiden. Petersilie waschen, trockentupfen und klein schneiden. Die Kartoffeln schälen und waschen, davon 100 g in kleine Würfel schneiden. Restliche Kartoffeln in Salzwasser etwa 20 Minuten garen.

Kartoffeln abgießen und mit dem Kartoffelstampfer zerdrücken. Mit der Butter und der Sahne zu Püree verrühren. Die Brühe dazugießen und aufkochen lassen. Mit Muskatnuss, Salz und Pfeffer abschmecken.

In einer Pfanne mit Butterschmalz die Kartoffelwürfel braun braten und die Pilzscheiben unter Rühren mitdünsten. Mit Salz und Pfeffer würzen. Die Suppe auf Tellern mit den Kartoffelwürfeln, den Pilzscheiben und der gehackten Petersilie anrichten.

150 g Steinpilze

1 Bund Petersilie

600 g mehlig kochende Kartoffeln

Salz

80 g Butter

200 ml süße Sahne

½ l Brühe

Muskatnuss, frisch gerieben

Pfeffer, frisch gemahlen

30 g Butterschmalz

Pilze putzen

Stielenden und schlechte Stellen von den Pilzen entfernen. Dann am besten trocken mit einem weichen Pinsel oder einem Tuch abreiben. Wenn die Pilze so verschmutzt sind, dass es doch nicht ohne Wasser geht, müssen die Pilze anschließend trockengetupft werden, damit sie sich nicht voll Wasser saugen.

KICHERERBSENSUPPE

Wärmende Suppe mit orientalischen Gewürzen

Den Knoblauch, die Zwiebel und den Ingwer schälen. Petersilie waschen, trockentupfen und fein hacken. Knoblauchzehe und Zwiebeln würfeln und den Ingwer reiben. Die Möhren und die Kartoffeln putzen, waschen, schälen und in Stücke schneiden. Den Apfel schälen, vierteln und entkernen.

Die Butter und 1 Esslöffel Olivenöl erhitzen und darin Knoblauch, Zwiebel und Ingwer andünsten. Mit der Gemüsebrühe ablöschen, Lorbeerblätter und Chilischote hinzufügen und aufkochen. Möhren, Kartoffeln und den Apfel dazugeben.

Ungefähr ⅔ der abgetropften Kichererbsen zur Suppe geben und alles bei kleiner Hitze zugedeckt 20 Minuten köcheln lassen. Lorbeerblätter und Chilischote entfernen, mit Kreuzkümmel, Kurkuma, Rosenpaprika und Salz abschmecken. Die restlichen Kichererbsen hinzufügen und nochmals kurz aufkochen lassen.

Die Suppe im Teller mit dem restlichen Olivenöl beträufeln und mit gehackter Petersilie und Pfeffer servieren.

1 Knoblauchzehe

1 Zwiebel

30 g frische Ingwerwurzel

1–2 Zweige glatte Petersilie

3 Möhren

3 Kartoffeln

1 säuerlicher Apfel

1 Esslöffel Butter

3 Esslöffel Olivenöl

1 l Gemüsebrühe

2 Lorbeerblätter

1 getrocknete Chilischote

2 Dosen Kichererbsen, Abtropfgewicht 240 g

1 Teelöffel Kreuzkümmel

1 Teelöffel Kurkuma

1 Teelöffel Rosenpaprika

Salz

schwarzer Pfeffer, frisch gemahlen

FENCHEL-MINESTRONE

Salami, weiße Bohnen und kleine Nudeln erinnern an Italien

200 g weiche italienische Salami

1 Stange Lauch

250 g Fenchel, mit Grün

1 Teelöffel Fenchelsamen

1 Knoblauchzehe

1 Bund Basilikum

100 g kleine Nudeln

2 Esslöffel Olivenöl

1 große Dose Tomaten

¾ l Hühnerbrühe

200 g Cannellini-Bohnen aus der Dose

Salz

Pfeffer, frisch gemahlen

50 g Parmesan

Die Haut von der Salami entfernen und die Wurst in kleine Würfel schneiden. Lauch und Fenchel putzen und waschen. Das Weiße und Hellgrüne vom Lauch in Ringe schneiden. Fenchelknolle in Streifen schneiden und das Fenchelgrün fein hacken. Dann den Fenchelsamen mörsern und den Knoblauch schälen. Das Basilikum waschen, trockentupfen und in Streifen schneiden. Die Nudeln garen.

Wurstwürfel im Öl braun braten und anschließend etwa ¾ des Fetts abgießen. Fenchel, Lauch und gemörserten Fenchelsamen zur Wurst geben und Knoblauch dazupressen. Bei mittlerer Hitze etwa 5 Minuten dünsten und dann die Tomaten aus der Dose mit dem Saft dazugeben. Tomaten mit dem Kochlöffel leicht zerdrücken und die Hühnerbrühe hinzufügen. Zugedeckt etwa 30 Minuten köcheln lassen. Dann die abgegossenen Bohnen und die Nudeln zur Suppe geben, salzen und pfeffern.

Die Suppe mit geriebenem Parmesan, dem Basilikum und dem Fenchelgrün garnieren.

VEGETARISCH

ARTISCHOCKEN MIT MINZE

Pikant-erfrischend in Weißwein gedünstet

1 Zitrone, unbehandelt

6 große Artischocken

200 g Kirschtomaten

½ Bund frische Minze

1 Schalotte

1 Knoblauchzehe

3 Esslöffel Olivenöl

100 ml Weißwein

100 ml Gemüsebrühe

1 Esslöffel Zucker

Salz

Pfeffer, frisch gemahlen

Die Zitrone auspressen und den Saft in eine Schale mit Wasser geben. Von den Artischocken die Stiele ausbrechen, die Blattspitzen bis zur Hälfte abschneiden und die harten Außenblätter abziehen. Artischocken je nach Größe mindestens vierteln, gegebenenfalls achteln. Das Heu im Inneren entfernen und dann die Artischockenstücke ins Zitronenwasser legen, damit sie nicht braun werden. Die Kirschtomaten waschen und vierteln. Die Minze waschen, trockentupfen und klein zupfen. Schalotte und Knoblauch schälen und beides in feine Würfel schneiden.

Schalotte im Öl glasig schwitzen, den Knoblauch dazugeben und die abgegossenen, abgetropften Artischocken ebenfalls 5–8 Minuten braten. Dann mit dem Weißwein ablöschen. Die Kirschtomaten dazugeben, die Brühe angießen und bei kleiner Flamme zugedeckt 30 Minuten köcheln lassen. Minze und Zucker dazugeben und nach 5–10 Minuten, die Artischocken sollten nun weich sein, mit Salz und Pfeffer abschmecken und servieren.

Zu dem Gemüse passen Ofen- oder Knoblauchkartoffeln.

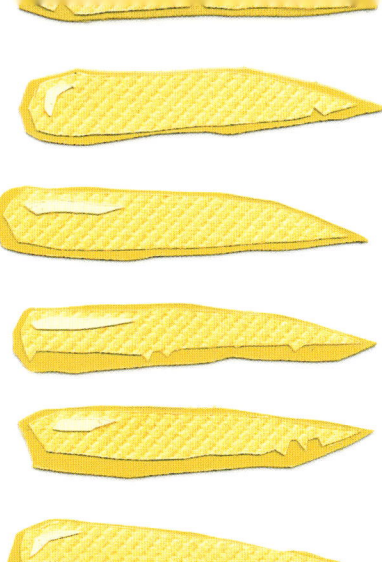

CURRYGEMÜSE

Eine frisch-würzige Gemüsepfanne mit Asia-Flair

Die Maiskölbchen putzen, waschen und in Salzwasser etwa 5–7 Minuten kochen. Abgießen und abtropfen lassen. Möhren putzen, waschen und schälen und in sehr feine Stifte schneiden. Frühlingszwiebeln ebenfalls putzen, waschen und in 8 cm lange Stücke schneiden. Bohnenkeime in einem Sieb kalt abbrausen und abtropfen lassen. Knoblauch und Ingwer schälen und fein hacken. Die Zitronenblätter in feine Streifen schneiden. Die Currypaste mit der Fisch- und der Sojasoße, der Kokosmilch und dem Zucker verrühren.

Den Wok erhitzen, das Öl dazugeben und Knoblauch und Ingwer ganz kurz darin anbraten. Die Maiskölbchen und die Möhrenstifte etwa 2 Minuten unter Rühren im Wok braten, dann die Frühlingszwiebeln dazugeben und weitere 2 Minuten braten. Die Currysoße und die Bohnenkeime hinzufügen und einmal kurz aufkochen lassen. Dabei ständig rühren.

Mit den Zitronenblattstreifen bestreut servieren.

200 g frische kleine Maiskölbchen oder 1 Dose, etwa 300 g

Salz

250 g Möhren

1 Bund dünne Frühlingszwiebeln

100 g frische Bohnenkeime

2 Knoblauchzehen

ca. 20 g frische Ingwerwurzel

3 Zitronenblätter (aus dem Asienladen)

3 Teelöffel Currypaste

5 Esslöffel Fischsoße

5 Esslöffel Sojasoße

200 ml Kokosmilch

2 Teelöffel Zucker

3 Esslöffel Öl

SELLERIE-KARTOFFEL-GRATIN

Überbackenes Gemüseduo mit Muskat

Sellerie putzen, waschen, schälen und halbieren und in 2–3 mm
dünne Scheiben schneiden. Die Kartoffeln ebenfalls schälen,
waschen und in 2–3 mm dünne Scheiben schneiden. Eine runde,
ofenfeste Form mit der Butter ausstreichen und Sellerie und
Kartoffeln abwechselnd schichten. Dabei jede Lage leicht salzen.

Die Sahne mit der Crème fraîche verrühren und mit Salz, Pfeffer
und Muskat würzen. Auf den Sellerie- und den Kartoffelscheiben
verteilen und im vorgeheizten Ofen 45 Minuten bei 200 °C auf
der mittleren Schiene backen.

500 g Knollensellerie

250 g Kartoffeln

1 Esslöffel Butter

200 ml süße Sahne

200 ml Crème fraîche

Salz

Pfeffer, frisch gemahlen

Muskatnuss, frisch gerieben

 Kartoffel-Gratin

Für ein Gratin sollten Sie immer fest kochende Kartoffeln verwenden. Diese zerfallen nicht und haben auch nach dem Überbacken noch Biss.

GRAPPA-KARTOFFELN

Dazu gedünsteter Rucola mit Tomaten

Die Kartoffeln gut waschen, abtrocknen und einzeln mit etwas Kümmel in Alufolie einwickeln. Im vorgeheizten Backofen bei 200 °C je nach Größe der Kartoffeln 1–1½ Stunden garen.

Den Rucola putzen, waschen, trockenschleudern und in feine Streifen schneiden. Die gehäuteten Tomaten vierteln, den Stielansatz entfernen und die Tomaten entkernen. Schalotte schälen und fein würfeln.

Kartoffeln aus dem Ofen nehmen, zwei davon der Länge nach halbieren und mit einem Esslöffel aushöhlen. Die Schale dabei nicht beschädigen. Restliche Kartoffeln pellen und zusammen mit dem Inneren der ausgehöhlten Kartoffeln durch eine Presse drücken. Mit 6–8 Esslöffel Olivenöl, 20 g Butter und dem Grappa vermischen und mit Salz und Pfeffer würzen. Nun die Masse in die 4 ausgehöhlten Kartoffelhälften verteilen und mit frisch geriebenem Parmesan bestreut bei Oberhitze oder unter dem Grill goldbraun überbacken. Das geht sehr schnell, deshalb darauf achten, dass sie nicht zu dunkel werden.

Schalotte in 2 Esslöffel Olivenöl anschwitzen. Tomatenviertel, restliche Butter und die Gemüsebrühe dazugeben. Bei kleiner Hitze ca. 3 Minuten dünsten, den Rucola kurz mit andünsten und mit Salz und Pfeffer abschmecken. Das Gemüse mit den überbackenen Grappa-Kartoffeln anrichten.

4 große Kartoffeln, fest kochend

1–2 Teelöffel Kümmel

300 g Rucola

8 Eiertomaten, gehäutet

1 Schalotte

8–10 Esslöffel Olivenöl

30 g Butter

6 Esslöffel Grappa

Salz

Pfeffer, frisch gemahlen

100 g Parmesan, am Stück

50 ml Gemüsebrühe

VINAIGRETTE-STAMPFKARTOFFELN

Kartoffelpüree einmal ganz anders

Die Kartoffeln schälen, waschen und in Salzwasser garen. Frühlingszwiebeln putzen, waschen und fein hacken. Die Petersilie waschen, trockentupfen und ebenfalls fein hacken. Zitrone heiß abwaschen und trocknen. Die Schale abreiben und den Saft auspressen. Das Olivenöl erwärmen.

Abgegossene Kartoffeln mit 100 ml des warmen Öls übergießen und zerstampfen. 2–3 Esslöffel des Zitronensafts zusammen mit der abgeriebenen Schale unter den Kartoffelbrei mischen. Frühlingszwiebeln und Petersilie unterheben und mit Salz und Pfeffer abschmecken. Je nach Konsistenz noch von dem restlichen Olivenöl dazugeben.

800 g Kartoffeln, mehlig kochend

Salz

3 Frühlingszwiebeln

2 Bund glatte Petersilie

1 Zitrone, unbehandelt

150 ml Olivenöl

Pfeffer, frisch gemahlen

GESCHMORTE AUBERGINEN

Lorbeer und Koriander geben die besondere Note

Die Zwiebeln schälen und in Scheiben schneiden. Knoblauch schälen. Auberginen putzen und waschen, der Länge nach halbieren und mehrmals fächerförmig bis kurz vor dem Stielende einschneiden. Tomaten waschen, den Stielansatz entfernen und die Tomaten in Scheiben schneiden. Die Zitrone auspressen.

Eine feuerfeste Form mit 1 Esslöffel Olivenöl einfetten, die Zwiebeln hineinlegen und den Knoblauch darüber pressen. Die Auberginenfächer darauf legen. Tomatenscheiben in den eingeschnittenen Auberginen verteilen. Alles mit Meersalz, Pfeffer und Koriander würzen und mit Zitronensaft, Weißwein und restlichem Olivenöl beträufeln. Lorbeerblätter obenauf legen und im vorgeheizten Backofen 10 Minuten bei 225 °C backen. Dann die Hitze auf 180 °C reduzieren, die Form abdecken und weitere 20 Minuten schmoren, bis sich die Stielenden der Auberginen leicht einstechen lassen.

Die Auberginen mit frisch gemahlenem Pfeffer servieren.

4 kleine Zwiebeln

2 Knoblauchzehen

4 Auberginen

6 Tomaten

½ Zitrone, unbehandelt

4 Esslöffel Olivenöl

Meersalz

Pfeffer, frisch gemahlen

1 Teelöffel Koriander, getrocknet

150 ml Weißwein

6 Lorbeerblätter

MAISPLÄTZCHEN

Gebackene Beilage mit scharfer Chilisoße

Die abgetropften Maiskörner grob pürieren. Eier trennen und das Eiweiß steif schlagen. Den pürierten Mais mit dem Eigelb, Salz und Pfeffer verrühren. Das geschlagene Eiweiß unterheben. In einer Pfanne 2 Esslöffel Olivenöl erhitzen und darin den Teig esslöffelweise bei geringer Hitze zu Plätzchen ausbacken.

Schalotten schälen und würfeln. Chilischote waschen, halbieren, entkernen und in feine Streifen schneiden. Die Schalottenwürfel im restlichen Olivenöl anschwitzen, mit dem Wein und der Brühe löschen und Chilischoten hinzufügen. Kurz aufkochen lassen, dann mit der Sahne auffüllen und auf etwa die Hälfte einkochen lassen. Die Soße mit dem Stabmixer pürieren.

Die Maisplätzchen mit der Chilisoße servieren. Dazu passt gebratenes Fischfilet.

1 Dose Mais, 285 g

2 Eier

Salz

Pfeffer, frisch gemahlen

4 Esslöffel Olivenöl

2 Schalotten

1 rote Chilischote, ca. 10 cm lang

100 ml Weißwein, z.B. Riesling

100 ml Brühe

200 ml süße Sahne

 **Chilischoten putzen und schneiden**

Chilischoten kann man frisch oder getrocknet verwenden: Aufschneiden, die Kerne und – bei den frischen Schoten – die weißen Rippen entfernen. Doch Vorsicht! Im Kontakt mit empfindlichen Hautpartien oder in den Augen brennen Saft oder auch kleinste Partikel heftig und nachhaltig! Vorsichtshalber Hände waschen.

MAISKOLBEN IN HONIG GEBACKEN

Eine süße Gemüsevariante

Die Maiskolben putzen, waschen und etwa 20 Minuten in Salzwasser garen.

Danach die Kolben rundum mit Honig bestreichen, mit einer Prise Salz bestreuen und auf ganz kleiner Flamme in der Butter ca. 5–10 Minuten braten; dabei häufig wenden. Die Maiskolben dürfen nicht zu braun werden, da sie sonst bitter schmecken.

4 frische Maiskolben

Salz

3 Esslöffel Honig

3 Esslöffel Butter

PANIERTE ZUCCHINISCHEIBEN

Gebacken in Thymianpanade mit Tomaten und Oliven

3 Zucchini, etwa 750 g

Salz

Pfeffer, frisch gemahlen

4 Schalotten

1 Knoblauchzehe

1 Bund Thymian

3 Zweige Rosmarin

80 g schwarze Oliven, entsteint

500 g Tomaten

200 g Paniermehl

2 Eier

4 Esslöffel Olivenöl

Zucchini waschen und beide Enden abschneiden. Längs in 1 cm dicke Scheiben schneiden und mit Salz und Pfeffer würzen. Die Schalotten und den Knoblauch schälen und fein hacken. Thymian und Rosmarin waschen, trockentupfen, die Blättchen bzw. die Nadeln abzupfen und beides getrennt hacken. Die Oliven ebenfalls hacken. Tomaten mit kochendem Wasser überbrühen, häuten, den Stielansatz entfernen und die Tomaten würfeln. Das Paniermehl mit dem Thymian vermischen.

Die Eier verschlagen. Gemüsescheiben durch die Eier ziehen und panieren. Die Gemüsescheiben in 2–3 Esslöffel Olivenöl 5–8 Minuten goldbraun ausbacken. Die Schalottenwürfel im restlichen Olivenöl in einer zweiten Pfanne glasig andünsten und den Knoblauch hinzufügen. Gehäutete Tomaten dazugeben und etwa 5 Minuten einkochen. Die Oliven zufügen und mit Rosmarin, Salz und Pfeffer abschmecken.

Die ausgebratenen Zucchinischeiben mit der Tomaten-Oliven-Mischung auf Tellern anrichten.

KÜRBIS MIT ROTEN LINSEN UND MARONEN

Würziger Gemüseeintopf mit Curry, Zimt und Honig

Den Kürbis schälen, Kerne und weiße Innenfasern entfernen.
Das Kürbisfleisch in Würfel schneiden. Lauch putzen, halbieren,
waschen und in Streifen schneiden. Möhren putzen, waschen,
schälen und in Scheiben schneiden. Den Apfel schälen, vierteln
und entkernen. Ingwer schälen und reiben.

Knoblauch schälen und durchgepresst mit dem Ingwer im Olivenöl andünsten. Das Gemüse und die Apfelviertel dazugeben und
nach 3-4 Minuten mit Weißwein und Brühe ablöschen. Die
Maronen in Stücke teilen und mit den Linsen in den Topf geben.
Bei kleiner Hitze alles 15-20 Minuten zugedeckt köcheln lassen.

Mit den Gewürzen, Honig, Essig, Salz und Pfeffer abschmecken
und servieren.

 **Variante mit Korinthen**

Anstatt mit Maronen lässt sich der Eintopf auch gut mit Korinthen
zubereiten. Dafür ca. 50 g Korinthen waschen und zusammen
mit dem Gemüse kochen.

600 g Kürbis, z.B. Hokkaido

1 Stange Lauch

3 Möhren

1 säuerlicher Apfel

20 g frische Ingwerwurzel

1 Knoblauchzehe

2 Esslöffel Olivenöl

100 ml Weißwein

500-750 ml Gemüsebrühe

200 g Maronen, vakuumverpackt

200 g rote Linsen

1 Teelöffel Kurkuma

2 Teelöffel Curry

½ Teelöffel Cayenne-Pfeffer

½ Teelöffel Zimt

2 Teelöffel Honig

1 Esslöffel Apfelessig

Salz

Pfeffer, frisch gemahlen

KOHLROULADEN

Deftige Hausmannskost mal ohne Fleisch

1 Weißkohl

Salz

125 g Reis

4 Frühlingszwiebeln

1 Knoblauchzehe

50 g Pinienkerne

1 Bund glatte Petersilie

4 Esslöffel Olivenöl

2 Esslöffel Tomatenmark

½ Teelöffel Kreuzkümmel

1 Messerspitze Zimtpulver

¼ l Gemüsebrühe

Den Kohl putzen, waschen und einzelne Kohlblätter ablösen. Diese in Salzwasser 2 Minuten blanchieren und dann abtropfen lassen. Die Mittelrippen der Kohlblätter flach schneiden und jeweils 2 Blätter aufeinander legen. Reis in Salzwasser garen. Die Frühlingszwiebeln putzen, waschen und das Weiße und Hellgrüne davon in feine Ringe schneiden. Knoblauch schälen und die Pinienkerne in einer Pfanne ohne Fett anrösten. Petersilie waschen, trockentupfen und fein hacken.

Für die Füllung Olivenöl in der Pfanne erhitzen und die Frühlingszwiebelringe darin anschwitzen, Knoblauch dazupressen. Tomatenmark, Pinienkerne, Reis, Petersilie, Kreuzkümmel und Zimt dazugeben und alles zusammen ca. 3 Minuten dünsten. Danach den Topf vom Herd nehmen und leicht abkühlen lassen. Jeweils etwas von der Füllung auf die Kohlblätter verteilen, diese dann seitlich umschlagen und zusammenrollen. Rouladen in einen Topf legen, die Brühe dazugießen und zugedeckt bei kleiner Hitze 20–25 Minuten garen.

Dieses Gericht schmeckt gut mit einer Tomatensoße.

RÜBSTIELGEMÜSE

In wenigen Minuten zubereitet – einfach und lecker

Den Rübstiel putzen, waschen und in etwa 3 cm lange Streifen schneiden. Die Zwiebel schälen und fein würfeln.

Zwiebelwürfel in Butter glasig dünsten, den Rübstiel dazugeben und mit Gemüsebrühe ablöschen. Bei geschlossenem Deckel etwa 5 Minuten garen.

Mit Salz, Muskat und Pfeffer abschmecken und Crème fraîche unterrühren.

2 Bund Rübstiel

1 Zwiebel

30 g Butter

100 ml Gemüsebrühe

Salz

Muskatnuss, frisch gerieben

Pfeffer, frisch gemahlen

2 Esslöffel Crème fraîche

 **Rübstiel**

Rübstiel oder Stielmus sind die Blätter von verschiedenen Mai- und Herbstrübensorten. Man verwendet die Stiele und nur das helle Blattgrün.

ROTKOHL MIT ARMAGNAC-ROSINEN

Winterlich deftig mit Nelke und Lorbeer

Die Rosinen waschen, abtropfen lassen und mit dem Armagnac beträufeln. Gut verschlossen über Nacht durchziehen lassen. Den Rotkohl putzen, dabei den Strunk entfernen, waschen und fein schneiden. Die Zwiebel schälen und würfeln.

Rotkohl im Schmalz andünsten, das Lorbeerblatt, die Zwiebel und die Nelke zugeben. Mit Salz und einer Prise Zucker würzen und den Essig und den Apfelsaft angießen. Zugedeckt bei kleiner Flamme 1 Stunde garen, eventuell noch etwas Wasser und Apfelsaft dazugießen.

Nochmal mit Salz und Zucker abschmecken und kurz vor dem Servieren die Armagnac-Rosinen unterheben.

100 g Rosinen

5 cl Armagnac (französischer Weinbrand)

750 g Rotkohl

1 Zwiebel

50 g Schmalz

1 Lorbeerblatt

1 Nelke

Salz

Zucker

2 Esslöffel Rotwein-Essig

⅛ l Apfelsaft

 **Aufwärmen**

Rotkohl schmeckt auch wieder aufgewärmt ganz hervorragend. Vorsicht dagegen bei Spinat- und Pilzgerichten. Im Spinat enthaltenes Nitrat kann beim Lagern zu ungesundem Nitrit umgewandelt werden. Wird der Spinat aber kühl gelagert und dann zügig und gleichmäßig erhitzt, ist der Verzehr unbedenklich. Auch übrig gebliebene Pilzgerichte immer über Nacht im Kühlschrank lagern und dann bei hoher Hitze wieder aufwärmen. Dann kann nichts passieren.

GEBRATENE KNOBLAUCHKARTOFFELN

Eine knusprige und herzhafte Beilage

Die Kartoffeln schälen und waschen. Je nach Größe in Viertel oder Achtel teilen und mit den ungeschälten Knoblauchzehen in eine flache Form legen. Die Zitronen auspressen. Jeweils 100 ml Zitronensaft und Wasser mit dem Olivenöl, dem Oregano und etwas Salz und Pfeffer verrühren und über die Kartoffeln gießen.

Im vorgeheizten Backofen bei 200 °C ca. 1 Stunde backen. Nach 20–30 Minuten die Kartoffeln einmal wenden und schwenken. Weiterbraten bis sie angebräunt, außen knusprig und innen weich sind.

Vor dem Servieren eventuell noch einmal salzen und pfeffern.

1 kg Kartoffeln

10 Knoblauchzehen

2 Zitronen, unbehandelt

50 ml Olivenöl

1 Teelöffel Oregano, getrocknet

Salz

Pfeffer, frisch gemahlen

MIT KÄSE & EI

MEDITERRANE QUICHE

Mit Artischocken, Oliven, Auberginen und viel frischem Basilikum

3–4 Fleischtomaten

2 Auberginen

10 Artischockenherzen (aus dem Glas)

2 Bund Basilikum

250 g Mehl

½ Tütchen Trockenhefe

75 ml Olivenöl

4 Eier

1½ Esslöffel Jogurt

Salz

1 Teelöffel Zucker

200 ml süße Sahne

Pfeffer, frisch gemahlen

10 schwarze Oliven, entsteint

10 g Kapern

4–5 Esslöffel Parmesan, frisch gerieben

Tomaten waschen und die Stielenden entfernen. Auberginen putzen und waschen. Die Artischockenherzen abtropfen lassen und ebenso wie die Tomaten und die Auberginen in Scheiben schneiden. Das Basilikum waschen, trockentupfen und die Blätter abzupfen.

Aus dem Mehl, der Trockenhefe, 70 ml Olivenöl, 2 Eiern, dem Jogurt, Salz und Zucker einen Teig kneten. Diesen ½ Stunde ruhen lassen. Die Sahne und die restlichen Eier mit Pfeffer und Salz im Mixer schaumig rühren. Eine Springform mit 28 cm Durchmesser mit dem restlichen Olivenöl einfetten. Den Hefeteig ausrollen, den Boden sowie den Rand der Form damit auslegen und die Tomaten- und Auberginenscheiben mit den Artischockenherzen darauf verteilen. Mit Oliven, Kapern und Basilikumblättern bestreuen. Die Eier-Sahne-Mischung darüber gießen und mit Parmesan bestreut im vorgeheizten Backofen 50 Minuten auf der mittleren Schiene bei 170 °C backen.

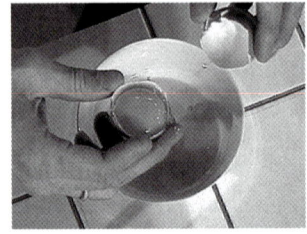

MANGOLDTORTE

Dreierlei Käsesorten machen den Geschmack aus

Den Mangold putzen, waschen und die Stiele entfernen. Die
Blätter in Salzwasser blanchieren, abgießen, gut ausdrücken
und in kleine Stücke hacken. Knoblauch schälen und fein
hacken. Die Pinienkerne grob zerkleinern. Eine Springform mit
einem Durchmesser von 26 cm gut mit Butter einfetten.

Mehl und 120 g Butter in einer Schüssel mit den Fingern zu einer
krümeligen Masse mischen und dann daraus mit Salz und 3 Esslöffel Wasser einen glatten Teig kneten. Den Teig zu einer Kugel
formen und leicht bemehlt zugedeckt ½ Stunde ruhen lassen.

Olivenöl und restliche Butter erhitzen, Knoblauch und Mangold
dazugeben und andünsten, bis die Flüssigkeit verdampft ist. Die
Pfanne vom Feuer nehmen und den Mangold mit den Eiern, der
Käsemischung und den Pinienkernen vermischen. Mit Salz abschmecken. Den Teig ausrollen und den Boden der Form, sowie
den Rand 2–3 cm hoch damit auslegen. Die Masse in die Form
geben und auf der unteren Schiene im Backofen 45 Minuten bei
200 °C backen.

Die Torte warm servieren.

800 g Mangold

Salz

1 Knoblauchzehe

60 g Pinienkerne

140 g Butter, zimmerwarm

220 g Mehl
und etwas Mehl zum Bestäuben

2 Esslöffel Olivenöl

2 Eier

200 g Käsemischung
aus Ricotta, geriebenem Parmesan
und Manouri (korsischer Schafskäse)

KARTOFFEL-SPINAT-AUFLAUF

Geräucherte Forellenfilets mit Käse und Spinat überbacken

Die Kartoffeln schälen, waschen und in Salzwasser garen. Den frischen Spinat putzen, gründlich waschen, etwa 2 Minuten blanchieren und abtropfen lassen. Tiefgekühlten Spinat auftauen lassen. Zwiebel und Knoblauch schälen und beides fein hacken. Käse reiben und die Forellenfilets in 5 cm lange Stücke zerteilen.

Kartoffeln zerstampfen und mit Eigelb, Salz, Pfeffer und Muskat verrühren. Die Zwiebeln und den Knoblauch in 30 g Butter andünsten. Spinat, Sahne, Salz und Pfeffer dazugeben und zugedeckt unter gelegentlichem Umrühren 8–10 Minuten dünsten. Den Kartoffelbrei in eine gebutterte, ofenfeste Form streichen. Das Fischfilet darauf verteilen und mit dem Spinat bedecken. Mit Käse bestreut 15–20 Minuten im Backofen bei 200 °C auf mittlerer Schiene überbacken.

700 g Kartoffeln

Salz

400 g Blattspinat, frisch oder tiefgekühlt

1 Zwiebel

1 Knoblauchzehe

*250 g Greyerzer
(Schweizer Rohmilchkäse)*

*4 geräucherte Forellenfilets,
ohne Haut und Gräten*

2 Eigelb

Pfeffer, frisch gemahlen

1 Prise Muskatnuss, frisch gerieben

40 g Butter

100 ml süße Sahne

 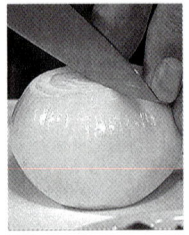

FRITTATA

Fast wie eine Quiche: mit Zucchini, Schalotten und Eiern

Die Zucchini putzen, waschen und in dünne Scheiben schneiden. Schalotten schälen und in dünne Ringe schneiden.

Schalottenringe im Olivenöl glasig dünsten. Die Zucchinischeiben zugeben und mit Pfeffer und Salz würzen. Eier in einer Schüssel verschlagen, Salz, Pfeffer und Muskatnuss dazugeben, mit der Sahne verrühren und den Parmesan untermischen. Eine Quiche-Form mit 28 cm Durchmesser leicht ausbuttern, die Hälfte der Eiersahne hineingießen, Zucchini und Schalotten darauf verteilen und mit dem Rest der Eiersahne übergießen. Im vorgeheizten Backofen bei 200 °C ca. 30 Minuten auf der untersten Schiene backen. Falls die obere Schicht zu braun wird, die Frittata leicht mit Alufolie abdecken. Auf Tellern verteilen und heiß servieren.

300 g Zucchini

4 Schalotten

2 Esslöffel Olivenöl

Pfeffer, frisch gemahlen

Salz

5 Eier

Muskatnuss, frisch gerieben

¼ l süße Sahne

3 Esslöffel Parmesan, frisch gerieben

10 g Butter

GEFÜLLTE AUBERGINEN

Mit einer würzigen Gemüsebolognese

2 große Auberginen

250 g Zucchini

250 g Möhren

350 g Knollensellerie

3 Zweige Thymian

2 Zweige Rosmarin

2 Schalotten

1 Knoblauchzehe

2 Esslöffel Olivenöl

50 g Tomatenmark

150 ml süße Sahne

Salz

Pfeffer, frisch gemahlen

100 g Parmesan, frisch gerieben

Auberginen waschen, den Stielansatz entfernen und beide Früchte halbieren. Um sie später füllen zu können, müssen sowohl die Kerne als auch etwas vom Auberginenfleisch entfernt werden. Die ausgehöhlten Hälften beiseite stellen. Zucchini waschen und die Enden abschneiden. Möhren und Sellerieknolle schälen und waschen. Das Gemüse für die Füllung in ca. 1 cm große Würfel schneiden. Thymian und Rosmarin waschen, trockentupfen, die Blättchen bzw. die Nadeln abzupfen und hacken. Schalotten und Knoblauch schälen und fein würfeln.

Die Schalottenwürfel im Olivenöl anschwitzen. Knoblauch, Möhren, Sellerie und Zucchini der Reihe nach zugeben und mit anschwitzen. Das Tomatenmark zum Gemüse geben und mit der Sahne ablöschen. Kurz einkochen lassen, die gehackten Kräuter zugeben und mit Salz und Pfeffer abschmecken.

Die Gemüsebolognese in die Auberginenhälften füllen und mit Parmesan bestreuen. Etwa 25 Minuten bei 180 °C im vorgeheizten Backofen auf der unteren Schiene backen.

CHAMPIGNONCREPES MIT ZIEGENKÄSE

Mit einer Möhren-, Sellerie- und Lauchfüllung im Ofen überbacken

Die Champignons putzen und fein hacken. Das Mehl mit der Milch und 100 ml Sahne glatt rühren, 2 Eier dazugeben und mit Salz und Muskatnuss würzen. Die Champignons unterziehen und den Teig ½ Stunde ruhen lassen.

Möhren und Sellerie schälen und waschen. Den Lauch putzen und waschen. Alles in sehr feine Streifen schneiden. Schalotten schälen und würfeln und in 1 Esslöffel Butter glasig dünsten. Das Gemüse hinzugeben, salzen, pfeffern und 5–8 Minuten dünsten. Den Thymian waschen, trockentupfen, die Blättchen abzupfen und fein hacken.

1–2 Esslöffel Butter in einer Pfanne erhitzen und aus dem Teig dünne Crêpes backen. Das Gemüse auf die gebackenen Crêpes geben und einrollen. Eine feuerfeste Form mit der restlichen Butter ausfetten und die Crêpes nebeneinander in die Form legen; den Ziegenkäse darüber verteilen.

200 ml Sahne, die restlichen Eier, Salz und Pfeffer verrühren und über die Crêpes in der Form gießen. Mit dem Thymian bestreuen und im vorgeheizten Backofen bei 175 °C ca. 30 Minuten backen.

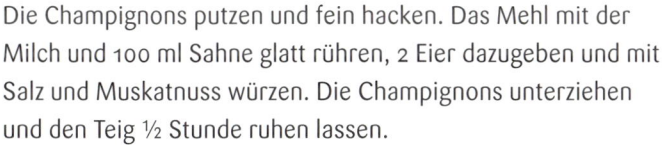

100 g Champignons

120 g Mehl

100 ml Milch

300 ml süße Sahne

4 Eier

Salz

Muskatnuss, frisch gerieben

200 g Möhren

150 g Knollensellerie

150 g Lauch

2 Schalotten

3–4 Esslöffel Butter

schwarzer Pfeffer, frisch gemahlen

1 kleines Bund Thymian

150 g milder Ziegenkäse

MIT SPECK & WURST

WIRSINGSTRUDEL

Herzhaft mit Kümmel und Speck

1 mittelgroßer Wirsing

1 Zwiebel

125 g durchwachsener Speck

3 Esslöffel Pflanzenöl

50 g Butter

1 Teelöffel Kümmel

Sojasoße

Pfeffer, frisch gemahlen

*1 Packung Strudel- oder Filoteig
(Filoteig gibt es in griechischen
oder türkischen Geschäften)*

1 Eigelb

Wirsing putzen und waschen. Die äußeren Blätter entfernen, den Wirsing vierteln und den groben Strunk herausschneiden. Viertel in 5–6 mm breite Streifen schneiden. Zwiebel schälen und fein würfeln. Den Speck würfeln und in einer Pfanne mit 1 Esslöffel Öl auslassen. Die Zwiebelwürfel darin glasig dünsten, 40 g Butter und Wirsingstreifen dazugeben und ca. 10 Minuten dünsten. Mit Kümmel, einem Schuss Sojasoße und Pfeffer herzhaft würzen und leicht abkühlen lassen.

Das Strudelblatt auf einem Küchentuch ausbreiten und leicht mit dem restlichen Öl bepinseln. Den Wirsing darauf verteilen und mit Hilfe des Handtuchs eine Strudelrolle drehen. Mit der Nahtseite des Strudels nach unten auf ein gefettetes Backblech geben und mit Eigelb bestreichen. Im vorgeheizten Backofen 30 Minuten bei 200 °C hellbraun backen.

 **Kümmel**

Wirsing gibt es im Frühling wie im Herbst. Der herbere Geschmack des Herbstwirsings lässt sich durch die Zugabe von mehr Kümmel mildern.

FENCHEL MIT OLIVEN UND PASTIS

Bratwurst und Anisgeschmack passen gut zusammen

Fenchel putzen, waschen, halbieren und den festen Strunk entfernen. Die Fenchelknollen in schmale Streifen schneiden. Die Oliven halbieren. Fenchel in 1 Esslöffel Olivenöl andünsten. Mit Wein und Milch ablöschen, so dass der Fenchel gerade eben bedeckt ist. 5 Minuten köcheln lassen. Jetzt die Oliven, den Fenchelsamen und einen guten Schuss Pastis dazugeben. Ohne Deckel auf kleiner Flamme einkochen lassen, bis der Fenchel gar und die Soße eingedickt ist. Die Butter unter die Soße rühren und mit Zucker, Salz und Pfeffer abschmecken.

Das restliche Olivenöl in einer Pfanne erhitzen, die Bratwurst darin in ca. 8 Minuten braun braten und zu dem Fenchelgemüse servieren.

2 Fenchelknollen

125 g schwarze Oliven, entsteint

2 Esslöffel Olivenöl

¼ l Weißwein, nicht zu trocken

¼ l Milch

2 Teelöffel Fenchelsamen

*40–50 ml Pastis
(französischer Anislikör)*

1 Esslöffel Butter

Zucker

Salz

Pfeffer, frisch gemahlen

400 g Bratwurst, am besten eine würzige italienische

ARTISCHOCKENGEMÜSE

Artischocken, Kartoffeln und Speck in Weißwein und Brühe geschmort

Kartoffeln schälen, waschen und halbieren. Den Speck würfeln. Die Schalotten schälen und je nach Größe halbieren oder vierteln. Von den Artischocken die Stiele ausbrechen und die Blattspitzen mit einer Schere großzügig abschneiden. Artischocken vierteln und das Heu vorsichtig entfernen; dabei soll der Artischockenboden erhalten bleiben.

Schalotten und Speckwürfel im Öl glasig anbraten. Die Kartoffeln dazugeben und nach 4–5 Minuten die Artischockenviertel hinzufügen. Den Wein und die Brühe angießen, mit Pfeffer würzen und 35–40 Minuten schmoren lassen. Mit Salz abschmecken.

500 g kleine Kartoffeln

100 g durchwachsener Speck

10 Schalotten

2 schöne Artischocken

2 Esslöffel Olivenöl

¼ l Weißwein

¼ l Brühe

Pfeffer, frisch gemahlen

Salz

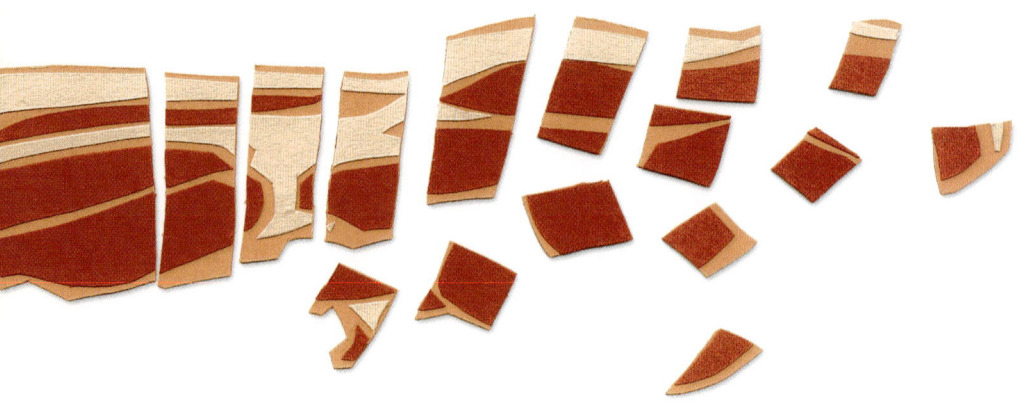

RADICCHIO AUS DEM OFEN

Leicht bitter mit Balsamico und Speck

Radicchio waschen, die äußeren Blätter entfernen und den Salat so vierteln, dass die Blätter durch den Strunk noch zusammengehalten werden. Den Knoblauch schälen. Thymian waschen, trockentupfen und zusammen mit dem Knoblauch im Mörser zerreiben. Olivenöl dazugeben, pfeffern, ein wenig salzen und alles gut verrühren. Die Radicchioviertel in kochendem Salzwasser 3–5 Minuten kochen und anschließend in einem Sieb abtropfen lassen.

Das Thymian-Knoblauch-Olivenöl über die Radicchioviertel geben. Dabei soll möglichst viel davon zwischen die einzelnen Blätter laufen. Jeweils eine Scheibe Frühstücksspeck um die Radicchioviertel wickeln, so dass die Blätter umhüllt sind und der Strunk frei bleibt.

Den umwickelten Radicchio in eine feuerfeste Form geben, Brühe dazugeben und das Ganze mit dem Balsamico-Essig beträufeln. Im vorgeheizten Backofen 20 Minuten bei 190 °C backen, bis der Frühstücksspeck kross ist.

2 Radicchioköpfe

1 Knoblauchzehe

1 kleines Bund Thymian

3–4 Esslöffel Olivenöl

Pfeffer, frisch gemahlen

Salz

8 Scheiben Frühstücksspeck

⅛ l Brühe

5–6 Esslöffel Balsamico-Essig

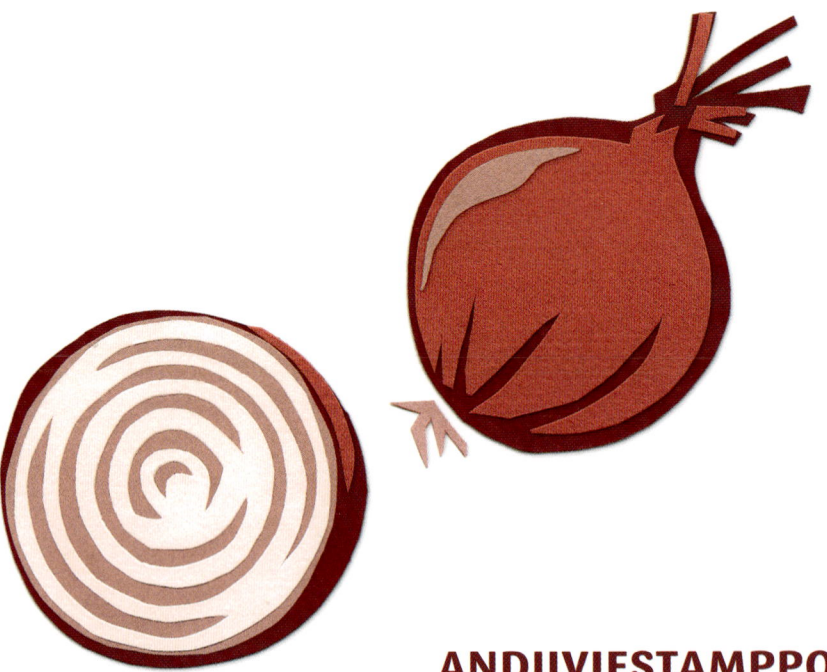

ANDIJVIESTAMPPOT

Deftige Hausmannskost

1 kg Kartoffeln, mehlig kochend

1–2 Köpfe Endiviensalat

1 rote Zwiebel

200 g geräucherter Speck

200 ml Milch

Salz

50 g Butter

Pfeffer, frisch gemahlen

1 Esslöffel Rotwein-Essig

Die Kartoffeln schälen und waschen. Den Endiviensalat putzen, waschen, trockenschleudern und in schmale Streifen schneiden. Zwiebel schälen und ebenso wie den Speck würfeln.

Danach die Milch erwärmen. Die Kartoffeln in Salzwasser garen, abgießen und mit der warmen Milch zu Püree stampfen. Mit Salz abschmecken.

In einer Pfanne die Speckwürfel in der Butter knusprig braten. Endivienstreifen unter den heißen Kartoffelbrei geben, Speck- und Zwiebelwürfel ebenfalls unterrühren. Mit Salz, Pfeffer und etwas Essig würzen.

Dazu schmecken Schweinekoteletts gut.

MANGOLD ROMANA

Eine ungewöhnliche Kombination aus Speck, Pinienkernen, Rosinen und Parmesan

Den Mangold putzen, waschen und trocken-schleudern. Die Stiele und die Blätter in feine Streifen schneiden. Speck würfeln, Knoblauch und Zwiebel schälen und fein hacken.

Den Speck im Olivenöl anbraten, Zwiebel, Knoblauch und Pinienkerne hinzufügen. Den geschnittenen Mangold zugeben und ca. 5 Minuten unter Rühren andünsten. Mit den Rosinen und dem Weißwein zugedeckt bei schwacher Hitze 10 Minuten köcheln. Mit Salz und Pfeffer abschmecken und geriebenen Parmesan darüber streuen.

1 kg Mangold

100 g geräucherter Speck

1 Knoblauchzehe

1 Zwiebel

4 Esslöffel Olivenöl

80 g Pinienkerne

3 Esslöffel Rosinen

150–200 ml Weißwein

Salz

schwarzer Pfeffer, frisch gemahlen

30 g Parmesan, frisch gerieben

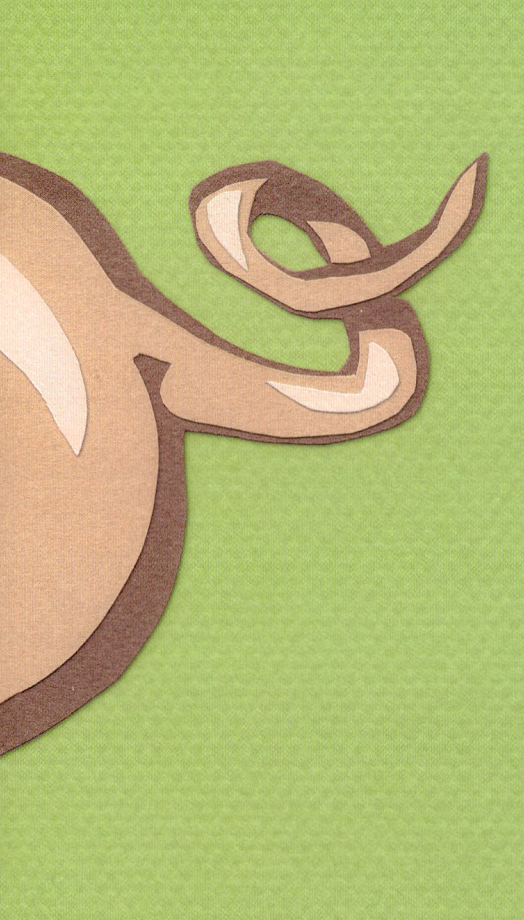

MIT FLEISCH

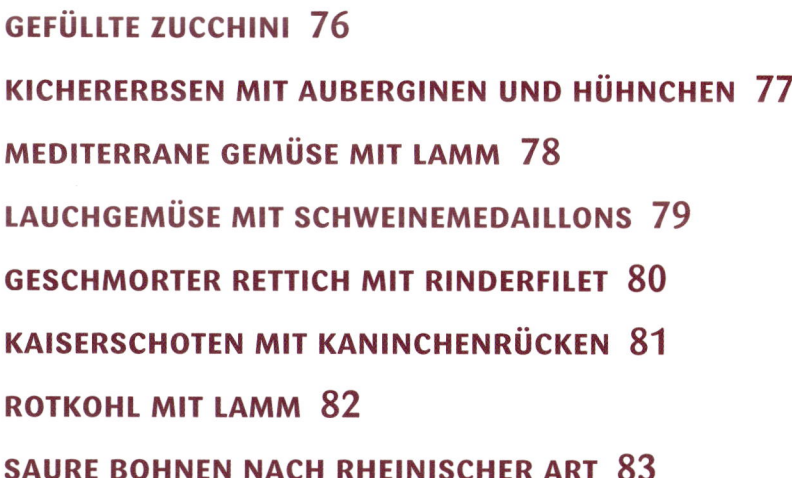

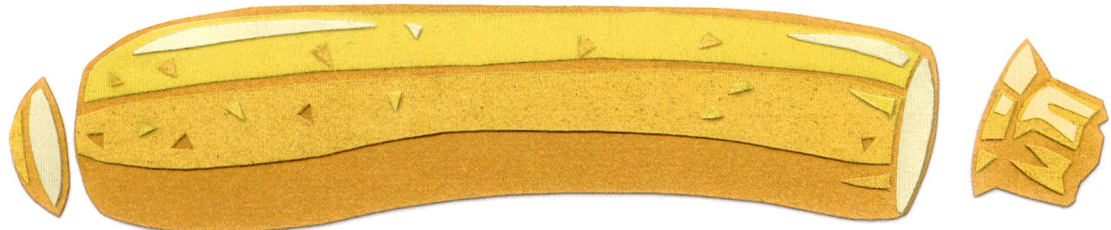

GEFÜLLTE ZUCCHINI

Auf griechische Art mit einer Ei-Zitronen-Soße

Von den gewaschenen Zucchini die Enden abschneiden und die ganzen Zucchini mit einem Löffel aushöhlen. Die Tomate waschen, putzen und klein würfeln. Zwiebeln schälen und fein hacken. Den Dill waschen, trockentupfen und fein wiegen. Die Zitrone auspressen. Reis in einem Sieb mit kaltem Wasser waschen. Hackfleisch, Zwiebeln, Reis, Tomatenwürfel, ⅔ des Dills, 1 Esslöffel Olivenöl sowie Salz und Pfeffer verrühren. Diese Mischung in die ausgehöhlten Zucchini füllen.

Die Zucchini in einen Topf legen, 1 Esslöffel Olivenöl, eine Prise Salz und so viel Wasser dazugeben, dass die Zucchini gerade bedeckt sind. Zugedeckt 35–40 Minuten köcheln lassen, anschließend herausnehmen und warm stellen. Aus der Butter, dem restlichen Olivenöl und dem Mehl eine Mehlschwitze herstellen und mit dem Zucchiniwasser ablöschen. Unter Rühren aufkochen lassen und dann die Hitze reduzieren. In einer Schüssel das Eigelb mit 1 Esslöffel der Soße und dem Zitronensaft verschlagen. Die Eigelbmischung in den Topf zurückgeben und 1 Minute köcheln lassen, dabei ständig rühren.

Die cremige Soße über die gefüllten Zucchini geben und mit dem restlichen Dill garniert servieren.

8 gelbe Zucchini

1 Tomate

2 Zwiebeln

1 Bund Dill

½ Zitrone, unbehandelt

4 Esslöffel Langkornreis

500 g Bio-Hackfleisch

5 Esslöffel Olivenöl

Salz

Pfeffer, frisch gemahlen

20 g Butter

1 Teelöffel Mehl

1 Eigelb

KICHERERBSEN MIT AUBERGINEN UND HÜHNCHEN

Orientalisch süß, mit Orangensaft, Datteln und frischer Minze

Die Auberginen putzen, waschen, halbieren und in Scheiben schneiden. Mit Salz bestreuen und in einem Sieb 1 Stunde ziehen lassen. Den Knoblauch schälen und mit einem flachen Messer etwas pressen. Schalotte und Ingwer schälen und fein würfeln. Die Datteln entkernen und klein schneiden. Minze waschen, trockentupfen und hacken. Die Orange auspressen.

In einem Topf die Hühnerbrühe zum Kochen bringen. Die abgegossenen Kichererbsen, das Lorbeerblatt und die gewaschenen und gesäuberten Hühnerbeine dazugeben und ca. 20 Minuten köcheln lassen. Hühnerbeine aus der Brühe nehmen, Haut und Knochen entfernen und das Fleisch in mundgerechte Stücke zerteilen. Die Kichererbsen abgießen und die Brühe auffangen.

In einer Pfanne die Knoblauchzehe in Öl kurz anbraten, dann herausnehmen. Schalotte und Ingwer in das aromatisierte Öl geben und glasig andünsten. Auberginenscheiben abspülen, trockentupfen und hinzufügen. Kurz anbraten und mit dem Rotwein ablöschen. Die Kichererbsen, das Hühnerfleisch, die Datteln, den Orangensaft und 200 ml von der Hühnerbrühe dazugeben und alles zugedeckt 10 Minuten einkochen lassen. Mit den Gewürzen und Salz abschmecken.

Kurz vor dem Servieren die Minze unterrühren.

2 mittelgroße Auberginen

Salz

1 Knoblauchzehe

1 Schalotte

30 g frische Ingwerwurzel

6 getrocknete Datteln

½ Bund Minze

1 Orange

1 l Hühnerbrühe

1 Dose Kichererbsen, 400 g

1 Lorbeerblatt

3–4 Hühnerbeine

2 Esslöffel Olivenöl

100 ml fruchtiger Rotwein

1 Teelöffel Kurkuma

1 Teelöffel Curry

1 Teelöffel Garam Masala (indische Würzmischung)

½ Teelöffel Zimt

schwarzer Pfeffer, frisch gemahlen

MEDITERRANE GEMÜSE MIT LAMM

Bohnen, Kartoffeln und Tomaten mit Gewürzen aus dem Mittelmeerraum

Die Lammnüsschen in einer ofenfesten Pfanne in 2 Esslöffel Olivenöl auf beiden Seiten braun braten und mit Salz und Pfeffer würzen. Jeweils 2 Zweige Thymian und Rosmarin darüber legen und im vorgeheizten Backofen ca. 20 Minuten bei 150 °C garen.

Kartoffeln in Salzwasser kochen und anschließend pellen. Die Bohnen putzen und waschen, in Rauten schneiden und in der Gemüsebrühe ca. 15 Minuten garen. Den Knoblauch schälen. Schalotten ebenfalls schälen, würfeln und in 1 Esslöffel Olivenöl andünsten. Knoblauch, Kirschtomaten und die restlichen Kräuterzweige dazugeben und 5 Minuten dünsten. Alles salzen und pfeffern, danach die Kräuter und den Knoblauch wieder herausnehmen. Die gepellten Kartoffeln mit den Lorbeerblättern in 3 Esslöffel Olivenöl braun braten.

Vor dem Servieren die Lorbeerblätter entfernen. Kirschtomaten, Bohnen und Lorbeerkartoffeln auf Tellern anrichten und das Lammfleisch darauf verteilen.

600 g Lammnüsschen, in Medaillons geschnitten

6 Esslöffel Olivenöl

Salz

Pfeffer, frisch gemahlen

4 Zweige Thymian

4 Zweige Rosmarin

300 g Kartoffeln, am besten Bratlinge

500 g breite Bohnen

100 ml Brühe

4 Knoblauchzehen

2 Schalotten

250 g Kirschtomaten

10 Lorbeerblätter

LAUCHGEMÜSE MIT SCHWEINEMEDAILLONS

Kurz gegartes Gemüse mit einer sahnigen Gorgonzolasoße

Die Schweinemedaillons mit Salz und Pfeffer würzen und in dem Olivenöl in einer ofenfesten Pfanne von beiden Seiten anbraten. Im vorgeheizten Backofen ca. 15 Minuten bei 150 °C garen.

Den Lauch halbieren, putzen, waschen und in Streifen schneiden. Schalotten schälen, würfeln und in der Butter glasig dünsten. Den Lauch dazugeben und ca. 5 Minuten garen. In einem Topf die Sahne mit der Brühe aufkochen lassen, den Gorgonzola dazugeben und alles mit einem Schneebesen aufschlagen. Mit Salz und Pfeffer abschmecken.

Lauchgemüse mit den Schweinemedaillons auf Tellern anrichten, die Gorgonzolasoße dazugeben und servieren.

4 Schweinemedaillons à ca. 130 g

Salz

Pfeffer, frisch gemahlen

2 Esslöffel Olivenöl

1 große Stange Lauch, ca. 450 g

2 Schalotten

1 Esslöffel Butter

200 ml süße Sahne

½ Teelöffel gekörnte Brühe

50 g Gorgonzola

GESCHMORTER RETTICH MIT RINDERFILET

Asiatisch zubereitetes Gemüse

Den Rettich putzen und in schmale, höchstens 1 cm breite Stifte schneiden. Chilischoten halbieren, entkernen und in dünne Streifen schneiden. Den Thymian waschen, trockentupfen und die Blättchen abzupfen. Die Hälfte der Butter in Scheiben geschnitten ins Tiefkühlfach legen. Die Rinderfilets im Olivenöl in einer ofenfesten Pfanne auf beiden Seiten anbraten und mit Salz, Pfeffer und Thymianblättchen würzen. Das Filet im vorgeheizten Backofen etwa 12 Minuten bei 160 °C garen.

40 g Butter in einem Topf schmelzen, den Zucker zugeben, leicht karamellisieren lassen und darin den Rettich kurz anbraten. Mit Sojasoße und Brühe ablöschen. Die Chilischote zugeben und 10–15 Minuten garen. Die eiskalte Butter in die Soße rühren und mit Salz und Pfeffer abschmecken.

Den geschmorten Rettich mit dem Filet auf Tellern anrichten.

Dazu passt ein Nussreis

Dafür die Schalotte schälen, fein hacken und in Butter andünsten. Die Haselnüsse, Cashewkerne und den Reis zugeben. Unter Rühren 3–5 Minuten anbraten, mit der Brühe ablöschen, einmal kurz aufkochen lassen und dann zugedeckt auf kleiner Flamme 15–20 Minuten ausquellen lassen.

800 g Rettich

1 rote Chilischote

3 Zweige Thymian

80 g Butter

4 Rinderfiletmedaillons à 125 g

2 Esslöffel Olivenöl

Salz

Pfeffer, frisch gemahlen

40 g Zucker

4–6 Esslöffel Sojasoße

250 ml Brühe

Für den Nussreis:

1 Schalotte

20 g Butter

60 g Haselnüsse und Cashewkerne, gehackt

200 g Langkornreis

450 ml Brühe

KAISERSCHOTEN MIT KANINCHENRÜCKEN

Mit einer Vinaigrette aus Himbeer-Essig und Walnussöl

Die Kaiserschoten putzen, waschen und in der Butter 4–5 Minuten braten. Aus Traubenkernöl, Walnussöl, Himbeer-Essig und der Brühe eine Vinaigrette rühren und mit Salz, Pfeffer und Zucker abschmecken.

Thymian waschen und trockentupfen. Die Kaninchenfilets mit den Thymianzweigen im Olivenöl 4–6 Minuten braten und dann in Scheiben schneiden.

Kaninchenfleisch auf den Kaiserschoten anrichten, mit der Vinaigrette übergießen und mit den Walnusskernen bestreut servieren.

500 g Kaiserschoten (Zuckerschoten)

2 Esslöffel Butter

jeweils 3 Esslöffel:

- Traubenkernöl

- Walnussöl

- Himbeer-Essig

- Brühe

Salz

Pfeffer, frisch gemahlen

Zucker

3 Zweige Thymian

6 Kaninchenrückenfilets à 100 g

2 Esslöffel Olivenöl

50 g geröstete Walnüsse

ROTKOHL MIT LAMM

Abgerundet mit Speck, getrockneten Feigen und Kardamom

1 kleiner Rotkohl, etwa 1 kg

100 g geräucherter Speck

800 g Lammfleisch

1 rote Zwiebel

6–8 getrocknete Feigen

1 Orange

2 Esslöffel Schmalz

75 ml Portwein

½ l Brühe

1 Esslöffel Balsamico-Essig

½ Teelöffel Kardamom, gemahlen

½ Teelöffel Zimt

1 Messerspitze Nelkenpulver

Salz

Pfeffer, frisch gemahlen

Den Rotkohl putzen, waschen und vierteln. Strunk und äußere Blätter entfernen und die Rotkohlviertel in feine Streifen schneiden. Speck und Lammfleisch würfeln. Die Zwiebel schälen und fein hacken. Feigen in Streifen schneiden. Die Orange auspressen.

Schmalz in einem Bräter erhitzen und Speck und Lammfleisch darin kräftig anbraten. Die Zwiebel und den Rotkohl dazugeben, etwa 5 Minuten zusammen braten und mit dem Portwein und der Brühe ablöschen. Zugedeckt bei kleiner Hitze 40 Minuten schmoren. Dann die geschnittenen Feigen zugeben und weitere 20 Minuten köcheln. Mit Orangensaft, Balsamico-Essig, den Gewürzen und Salz und Pfeffer abschmecken.

 **Alternative zum Lamm**

Zum Rotkohl und der Gewürzmischung schmeckt anstelle von Lammfleisch auch sehr gut Wild.

SAURE BOHNEN NACH RHEINISCHER ART

Deftig mit Kartoffeln, Kasseler, Speck und Zwiebeln

Das Kasseler vom Metzger auslösen lassen, den Knochen aber mitnehmen. Die Bohnen aus der Tüte in ein Sieb geben und mit kaltem Wasser abspülen. Den Speck würfeln, Zwiebeln schälen und ebenfalls würfeln. Kartoffeln schälen, waschen und in Salzwasser garen. Die Möhren putzen und waschen.

Kasseler und Knochen, Möhren, Wacholderbeeren und Lorbeerblatt in Wasser aufkochen und 10–15 Minuten auf kleiner Hitze kochen. Den Speck in einer Pfanne ohne Fett auslassen, die Zwiebeln dazugeben und glasig dünsten. Die Bohnen in ½ l der Kasselerbrühe 8–10 Minuten „al dente" kochen. Salzkartoffeln mit Butter, Muskatnuss und Pfeffer stampfen und dann mit den Bohnen und der Brühe vermengen.

Das Fleisch in dünne Scheiben schneiden und auf einem Teller mit der Kartoffel-Bohnen-Mischung und dem ausgelassenen Speck und den Zwiebeln servieren.

750 g Kasseler, mit Knochen

500 g rheinische saure Schnippelbohnen

125 g geräucherter Speck

2 Zwiebeln

500 g Kartoffeln, fest kochend

Salz

2 Möhren

5 Wacholderbeeren

1 Lorbeerblatt

40 g Butter

1 Prise Muskatnuss, frisch gerieben

Pfeffer, frisch gemahlen

Saure Bohnen

Rheinische, saure Schnippelbohnen sind milchsäurevergorene grüne Bohnen. Man bekommt sie bei fast jedem Supermarkt oder jeder Metzgerei in der Kühltheke.

MIT FISCH

GRÜNER SPARGEL MIT THAI-GARNELEN

Gemüse-Fisch-Mix im Wok zubereitet

600 g Garnelen, ohne Kopf

5 Stängel Thai-Knoblauch

4 Esslöffel thailändische Fischsoße

500 g grüner Spargel

5 Esslöffel Pflanzenöl

2 Esslöffel Austernsoße

1 Esslöffel brauner Zucker

1 Esslöffel Reiswein

für die Chilisoße:

2 Knoblauchzehen

3 Chilischoten

1 Bund frischer Koriander

3 Esslöffel thailändische Fischsoße

2 Esslöffel Limettensaft

Die Garnelen aus der Schale brechen, waschen, dabei unter fließendem Wasser mit einem scharfen Messer den Darm entfernen und anschließend die Garnelen trockentupfen. Thai-Knoblauch putzen, waschen und klein hacken. Die Garnelen mit 1 Esslöffel Fischsoße mischen. Spargel waschen, holzige Enden abschneiden und den Spargel in ca. 4 cm lange Stücke teilen. Diese 1 Minute blanchieren und gut abtropfen lassen.

Öl im Wok erhitzen und darin die Garnelen 1 Minute braten. Danach den Spargel, den Knoblauch, die Austernsoße, 3 Esslöffel Fischsoße, Zucker und Reiswein hinzufügen. Alles unter ständigem Rühren 2 Minuten garen lassen. Falls die Soße zu dick ist, etwas Wasser dazugeben. Dazu passt thailändischer Duftreis und Chilisoße mit Koriander.

Chilisoße mit Koriander

Den Knoblauch schälen und fein hacken. Chilischoten halbieren, die Kerne entfernen und die Schoten in dünne Ringe schneiden. Koriander waschen, trockentupfen und fein schneiden. Den Knoblauch, die Chilischoten und den Koriander mit 3 Esslöffeln Fischsoße und 2 Esslöffeln Limettensaft in einer Schale verrühren.

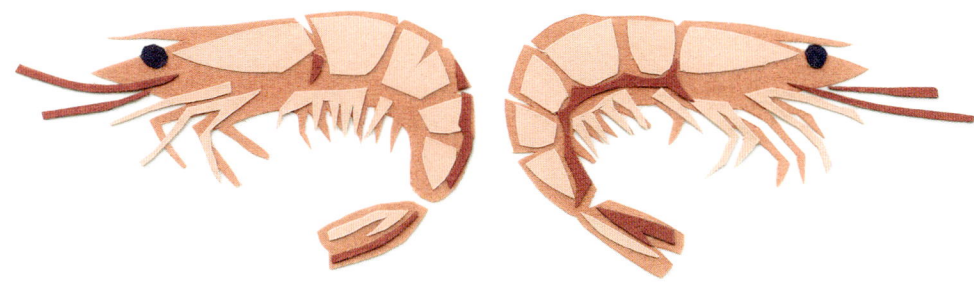

ASIATISCHE GEMÜSEPFANNE

Pfannengerührtes aus Zuckerschoten, Paprika, Champignons und Staudensellerie

Die Frühlingszwiebeln putzen, waschen und das Weiße und Hell-grüne in ca. 1 cm breite Streifen schneiden. Zuckerschoten wa-schen und die Enden entfernen. Knoblauch und Ingwer schälen und fein hacken. Den Sellerie putzen, waschen und in ca. 1 cm breite Stücke schneiden. Paprika putzen, waschen, halbieren, entkernen und in ca. 4–5 cm breite Streifen schneiden. Cham-pignons trocken putzen und hauchdünn schneiden. Die Garnelen aus der Schale brechen, waschen und dabei unter fließendem Wasser mit einem scharfen Messer den Darm entfernen. Brühe, Sojasoße, Obstessig und eine Prise Zucker verrühren.

Die Paprika, den Staudensellerie, die Zuckerschoten und die Champignons in einem Sieb über kochendem Salzwasser ca. 6–8 Minuten dämpfen. Das Öl in einem Wok oder einer Pfanne erhitzen und die Garnelen darin 4–5 Minuten braten. Ingwer, Knoblauch und Frühlingszwiebeln ca. 1 Minute mitbraten. Das gedämpfte Gemüse dazugeben, die Soße angießen und kurz auf-kochen lassen.

Mit Cashewnüssen bestreut servieren.

1 Bund Frühlingszwiebeln

200 g Zuckerschoten

1 Knoblauchzehe

10–30 g frische Ingwerwurzel

2 Stangen Staudensellerie

1 rote Paprika

300 g Champignons

400 g Garnelen

200 ml Hühnerbrühe

3 Esslöffel Sojasoße

1 Teelöffel Obstessig

Zucker

3 Esslöffel Pflanzenöl

2 Esslöffel geröstete Cashewnüssen

INGWER-MÖHREN MIT ZANDER

Mit einer Apfel-Curry-Sahnesoße

Möhren putzen, waschen, schälen und in Scheiben schneiden. Die Schalotten schälen und würfeln. Ingwer schälen und reiben. Geschälte Äpfel halbieren, das Kerngehäuse entfernen und die Apfelhälften in Scheiben schneiden. Die Zitrone auspressen. Das Zanderfilet waschen, trockentupfen und mit dem Zitronensaft beträufeln.

In 2 Esslöffel Olivenöl ⅔ der Schalottenwürfel glasig dünsten. Ingwer und Möhren dazugeben, kurz mitdünsten und mit der Hälfte der Brühe ablöschen. Die Möhren ca. 10 Minuten bei geschlossenem Deckel garen. Dann die kalte Butter unterrühren und mit Salz und Pfeffer abschmecken. Restliche Schalottenwürfel in einer Pfanne in 2 Esslöffel Olivenöl andünsten, Äpfel zugeben, mit Curry bestäuben und mit dem Riesling und dem Rest der Brühe ablöschen. Die Sahne dazugeben und zur Hälfte einkochen lassen.

Das Zanderfilet salzen, pfeffern und im restlichen Olivenöl in einer Pfanne 6–8 Minuten braten. Den Fisch auf den Möhren anrichten und mit der Soße begießen.

400 g Möhren

5 Schalotten

30 g frische Ingwerwurzel

2 Äpfel

½ Zitrone, unbehandelt

600 g Zanderfilet

6 Esslöffel Olivenöl

200 ml Brühe

50 g Butter, eiskalt

Salz

schwarzer Pfeffer, frisch gemahlen

1–2 Esslöffel Currypulver

100 ml Riesling

200 ml süße Sahne

PAPRIKA MIT BASILIKUMSOSSE UND ROTBARBE

Rosmarin, Thymian und Knoblauch verleihen die besondere Note

Paprika waschen, halbieren und Stiele und Kerne entfernen. Im Backofen unter dem Grill so lange backen, bis die Haut Blasen wirft und braun wird. Die Paprika aus dem Ofen nehmen und mit einem feuchten Tuch abdecken. Den Knoblauch schälen und fein hacken. Die Schalotten schälen und würfeln. Basilikum, Rosmarin und Thymian waschen, trockentupfen und die Nadeln bzw. die Blättchen abzupfen.

In einem Topf die Schalotten in 40 ml Olivenöl glasig dünsten und mit der Brühe und der Sahne auffüllen. Bis zur Hälfte einkochen lassen und die Basilikumblätter dazugeben. Mit dem Stabmixer pürieren und mit Salz und Pfeffer abschmecken.

Die Rotbarbenfilets waschen, trockentupfen, salzen und pfeffern, in Mehl wenden und in 40 ml Olivenöl ca. 8 Minuten braten. In einer zweiten Pfanne das restliche Olivenöl erhitzen und darin die gehäuteten und flachgedrückten Paprika mit dem Knoblauch und den restlichen Kräutern etwa 5 Minuten braten.

Die Paprika auf Teller verteilen, die Fischfilets obenauf legen und mit der Basilikumsoße übergießen.

3 rote Paprikaschoten

2 gelbe Paprikaschoten

4 Knoblauchzehen

2 Schalotten

jeweils 1 Bund:

- Basilikum

- Rosmarin

- Thymian

125 ml Olivenöl

300 ml Brühe

200 ml süße Sahne

Salz

schwarzer Pfeffer, frisch gemahlen

600 g Rotbarbenfilets oder Rotbarschfilets

2 Esslöffel Mehl

AUBERGINEN MIT ANCHOVIS UND BALSAMICO

Lauwarm mit Tomaten und Minze

2 große Auberginen

3 Zwiebeln

2 Bund frische Minze

8 Anchovis-Filets

4 Esslöffel Olivenöl

Salz

Pfeffer, frisch gemahlen

1 große Dose gewürfelte Tomaten, 800 g

2 Esslöffel Balsamico-Essig

Die Auberginen putzen, waschen und in 1 cm dicke Scheiben schneiden. Zwiebeln schälen und in dünne Ringe schneiden. Die Minze waschen, trockentupfen und die Blättchen in Streifen schneiden. Anchovis abspülen, trockentupfen und fein hacken.

In kochendem Wasser die Auberginen 2 Minuten blanchieren, herausnehmen und auf Küchenkrepp abtropfen lassen.

Die Auberginenscheiben in einer Pfanne in 1–2 Esslöffel Olivenöl bei geschlossenem Deckel etwa 5 Minuten braten, bis sie gar sind. Dabei ab und zu wenden, damit sie nicht anbrennen. Die Scheiben herausnehmen und in einer Schüssel salzen und pfeffern. Das restliche Olivenöl in der Pfanne erhitzen und die Zwiebelringe darin ca. 2 Minuten andünsten. Tomaten dazugeben und mit Salz und Pfeffer würzen. Kurz einkochen lassen und dann die Tomaten-Zwiebel-Mischung über die Auberginen geben. Minze und Balsamico unterheben und 15 Minuten bei Zimmertemperatur ziehen lassen.

Vor dem Servieren mit den gehackten Anchovis garnieren.

ROSENKOHL MIT GERÄUCHERTEM LACHS

Exotisch zubereitet mit Kurkuma, Curry und frischem Ingwer

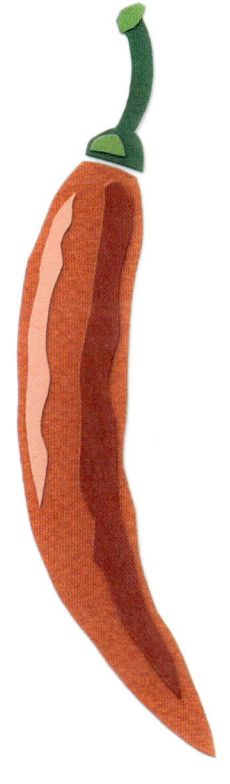

Die Chilischote waschen, halbieren, ihre Kerne entfernen und die Schote in feine Streifen schneiden. Mit dem Weißwein-Essig bedecken und ziehen lassen. Rosenkohl putzen und waschen. Die Kartoffeln schälen, waschen und würfeln. Den Ingwer und die Schalotten schälen und sehr fein würfeln.

Schalottenwürfel im Olivenöl glasig dünsten und den Ingwer und die Kartoffelwürfel dazugeben. Mit dem Fischfond ablöschen und 10 Minuten köcheln lassen. Den Rosenkohl hinzufügen und 10–15 Minuten bei kleiner Hitze weiterkochen lassen. Sahne und abgegossene Chilistreifen unterrühren und mit dem braunen Zucker und den Gewürzen abschmecken.

Den in Stücke geschnittenen Lachs obenauf legen. Das Ganze zugedeckt nochmals erwärmen, ohne dass es kocht. Vorsichtig vermengen und mit Salz und Pfeffer würzen.

1 rote Chilischote

3 Esslöffel Weißwein-Essig

500 g Rosenkohl

350 g Kartoffeln

30 g frische Ingwerwurzel

3 Schalotten

2 Esslöffel Olivenöl

400 ml Fischfond

100 ml süße Sahne

1 Esslöffel brauner Zucker

1 Teelöffel Kurkuma

1 Teelöffel Curry

6–8 Scheiben Räucherlachs

Salz

Pfeffer, frisch gemahlen

GEMÜSE-GLOSSAR

Kleine Saison- und Warenkunde

Artischocken: Saison von Ende April bis November; bei großen Artischocken schmecken nur Boden und fleischige Blätter, bei kleinen auch Herz und kleine Stiele; im Kühlschrank in ein feuchtes Tuch gewickelt einige Tage haltbar

Auberginen: Saison von Mai bis Oktober; reife Früchte geben auf leichten Druck nach; maximal ca. 8 Tage haltbar

Blumenkohl: Saison von Mai bis November; beim Einkauf darauf achten, dass die Röschen dicht geschlossen und ohne Flecken sind

Brokkoli: Saison von Juni bis November, maximal 2 Tage haltbar

Brunnenkresse: Saison von September bis Mai; roh für Salate verwendbar, erhitzt und püriert schmeckt sie in Soßen oder Suppen

Bohnen (Stangen- oder Buschbohnen): Saison von Juni bis Oktober; nie roh verzehren, da sie Phasin enthalten; sehr kühl und nur kurz lagern (werden aufgrund hoher Eigenwärme schnell faul)

Endiviensalat: Saison von Ende Juli bis Dezember; schmeckt als Salat oder zu einem Eintopf verkocht

Erbsen: Saison von Ende Mai bis August; auch tiefgekühlt empfehlenswert

Feldsalat: Saison von Ende September bis April; sehr gründlich waschen; nur kurz haltbar

Fenchel: Saison von Juni bis November; schmeckt roh und gedünstet; kühl lagern

Friséesalat: Saison von September bis März; gleich nach dem Kauf zubereiten und verzehren

Grünkohl: Saison von Ende Oktober bis Februar; nach dem ersten Frost geerntet schmeckt er besonders gut

Kichererbsen: getrocknete müssen mindestens 12 Stunden eingeweicht werden

Kürbis: Saison von Ende Juli bis Oktober; ganze Kürbisse können kühl einige Monate gelagert werden, angeschnittene Stücke in Folie gewickelt im Kühlschrank nur einige Tage

Lauch / Porree: ganzjährig; ca. 1 Woche haltbar; überträgt aber Geruch auf Kühlschrankinhalt, deshalb in Plastikfolie einwickeln

Mais: Saison nur von Juli bis September; im Kühlschrank maximal 2 Tage aufbewahren (bei Zimmertemperatur verliert er noch schneller an Geschmack)

Mangold: Blattmangold (wenige Tage haltbar) sieht ähnlich wie Spinat aus und wird auch so zubereitet. Bei Stielmangold sind auch die Stiele ein Genuss (hält sich in feuchte Tücher gewickelt bis zu 1 Woche); Saison von Juni bis Oktober

Möhren: Saison von August bis Dezember; gut haltbar; mit etwas Fett zubereiten, um das Karotin besser aufnehmen zu können

Paprika: Saison von Juni bis Oktober; kann im Kühlschrank bis zu 10 Tagen gelagert werden

Petersilienwurzeln: Saison ab Oktober bis März; Wurzel und Blätter sollten beim Einkauf nicht schlaff sein; einige Tage gekühlt haltbar

Radicchio: Saison von November bis Mai; auf geschlossene Köpfe und feste Blätter achten; einige Tage haltbar

Rettich: Saison von Mai bis Juni (rosa Mairettich, recht scharf), von Juli bis September (weißer Sommerrettich) und von Oktober bis Februar (schwarzer Winterrettich); Winterettich muss geschält werden; Einsalzen mildert die Schärfe; einige Tage haltbar

Rucola: Saison von Ende April bis Anfang Oktober

Rosenkohl: Saison von Oktober bis Februar; schmeckt besonders mild nach dem ersten Frost; ca. 3-4 Tage haltbar

Rote Bete: Saison von September bis März; der rote Saft färbt hartnäckig; mehr als 1 Woche haltbar

Rotkohl: Saison von Juli bis April; lässt sich im kühlen, dunklen Keller 6-8 Wochen lagern

Sellerie: Knollensellerie sollte keine Nebenwurzeln haben (kann 2 Wochen gelagert werden; ganzjährig im Angebot), Stauden- oder Stangensellerie sollte frisches Blattgrün haben (bleibt nur wenige Tage frisch; Saison von Mai bis November)

Spargel: Saison von April bis Ende Juni; grüner Spargel wird oberirdisch geerntet, weißer gestochen; auf geschlossene feste Köpfe und frische Schnittenden achten; in ein kühles feuchtes Tuch gewickelt 1-2 Tage haltbar

Speiserüben: Saison von April bis Juni und von Oktober bis Dezember; auf glatte Knollen achten, ca. 5 Tage haltbar

Spinat: Saison von März bis November

Sprossen: Alfalfasprossen immer mit kaltem Wasser abspülen; nur einige Tage lagern (anfällig für Schimmelbildung); Mungobohnensprossen (grüne Sojabohnensprossen) vor Verzehr erhitzen, damit das giftige Phasin abgebaut wird; konservierte Mungobohnensprossen gibt's im Supermarkt als Sojabohnenkeimlinge; nur wenige Tage lagern

Tomaten: Saison von Juni bis Oktober; grüne Stielansätze entfernen; nicht im Kühlschrank lagern

Weißkohl: fast ganzjährig erhältlich; schmeckt roh, gekocht oder zu Sauerkraut verarbeitet; einige Wochen kühl und dunkel gelagert haltbar

Wirsing: milder Frühlingswirsing hat Saison von Januar bis Februar, strenger Herbstwirsing von August bis November; trocknet schnell aus, nur wenige Tage haltbar

Zucchini: Saison von Juni bis Oktober; lassen sich dünsten, füllen, braten und auch roh essen; ca. 1 Woche haltbar

REZEPTREGISTER

Alle Rezepte für 4 Personen

TIPPS

*Wir danken Alfred Biolek von Herzen, ohne den es die Sendereihe
„alfredissimo! Kochen mit Bio" und dieses Gemüse-Buch nicht gäbe.*

VERLAG   © Pabel-Moewig Verlag KG, Rastatt
Printed in Germany
ISBN 3-8118-1759-0
www.MOEWIG.de

Die Ratschläge in diesem Buch wurden von Autoren und
Verlag sorgfältig erwogen und geprüft. Dennoch kann eine
Garantie nicht übernommen werden. Eine Haftung der Autoren
bzw. des Verlags für Personen-, Sach- und Vermögensschäden
ist ausgeschlossen.

KONZEPTION   Hilde Müller

BUCHGESTALTUNG & ILLUSTRATIONEN   Thomas von den Driesch, Barbara Halcour

REDAKTION   Bernd von Fehrn, Andreas Lichter, Hilde Müller, Eng Philipp

KOORDINATION   CPA! Communications- und Projektagentur GmbH, Wiesbaden

„alfredissimo! Kochen mit Bio"
Eine Sendung des WDR, hergestellt von der Pro GmbH, Köln.